Steffen Kern
Ich lebe gern
Vom Glück eines gesegneten Lebens

Steffen Kern

Ich lebe gern

Vom Glück eines gesegneten Lebens

SCM Hänssler

SCM

Stiftung Christliche Medien

Autoren-Info:

Steffen Kern, Jahrgang 1973, Pfarrer und Journalist, ist Vorsitzender der Apis (www.die-apis.de). Er ist verheiratet und wohnt mit seiner Familie in Walddorfhäslach. Er ist Mitglied der württembergischen Landessynode, leitet den Stuttgarter Jugendgottesdienst (JuGo) und hat mehrere CDs und Bücher veröffentlicht.

www.steffen-kern.de

Bestell-Nr. 395.122
ISBN 978-3-7751-5122-1

Soweit nicht anders angegeben, sind die Bibelverse folgender Ausgabe entnommen:
Neues Leben. Die Bibel, © Copyright der deutschen Ausgabe 2002 und 2006 by SCM Hänssler, D-71087 Holzgerlingen.
Weiter wurden verwendet:
Lutherbibel, revidierter Text 1984, durchgesehene Ausgabe in neuer Rechtschreibung, © 1999 Deutsche Bibelgesellschaft, Stuttgart (»L«).
Gute Nachricht Bibel, revidierte Fassung, durchgesehene Ausgabe in neuer Rechtschreibung, © 2000 Deutsche Bibelgesellschaft, Stuttgart (»GNB«).

Inhalt

Ist's nun nicht besser für den Menschen,
dass er esse und trinke
und seine Seele guter Dinge sei bei seinem Mühen?
Doch dies sah ich auch, dass es von Gottes Hand kommt.
Denn wer kann fröhlich essen und genießen ohne ihn?

Die Bibel, Prediger 2,24.25

Mehr Infos zur Initiative »Ich lebe gern«
und viele Anregungen und Impulse finden Sie unter:
www.ich-lebe-gern.info

Vorwort: Viel Glück und viel Segen!

Herzlichen Glückwunsch zu diesem Buch! Dieses Exemplar ist ein persönliches Buch für Sie. Es enthält viele bedruckte Seiten – wäre ja auch merkwürdig, wenn das nicht so wäre. Zugleich hat es aber auch leere Zeilen und ein paar freie Seiten. Hier ist Platz für Ihre Notizen, für Ihre Gedanken und Ideen. Denn dieses Buch ist kein Kochbuch: Es bietet keine fertigen Rezepte für ein gelingendes Leben. Dieses Buch ist auch kein Fachbuch: Es bietet keine fertigen wissenschaftlichen Abhandlungen. Dieses Buch ist schon gar kein Geschichtsbuch: Es bietet keine fertigen Erzählungen aus längst vergangenen Tagen. Dieses Buch ist überhaupt nicht fertig. Seine Zeilen sollen in Ihrem Leben weitergeschrieben werden. Was Sie hier in den Händen halten, ist nur ein Anfang, nur eine Sammlung von Impulsen, die weiterwirken sollen. Das ist zumindest meine Hoffnung: Dass die unfertigen Gedanken weiterwirken und durch Ihre Gedanken zu einem Ganzen werden.

Darum bitte ich Sie: Nehmen Sie die Anregungen und Impulse auf, die Sie ansprechen. Lesen Sie über das hinweg, was Sie nicht anspricht. Aber lassen Sie sich auch an der einen oder anderen Stelle herausfordern. Lassen Sie Ihren Gedanken freien Lauf. **Lassen Sie sich mitnehmen auf eine Reise in Ihr Leben.**

Noch etwas: Weil dieses Buch ein Buch zum Weiterdenken und Weiterschreiben ist, sollten Sie Ihr eigenes Exemplar haben. Nur so können Sie Ihre ganz persönlichen Gedanken darin festhalten. Auch wenn Sie das Buch mit anderen zusammen lesen und besprechen, etwa als Paar oder im Freundeskreis oder in einer kleinen Gruppe – es ist gut, wenn jeder und jede ein eigenes Buch hat. Insofern sage ich als Autor etwas keck: Verleihen Sie das Buch nicht. Verschenken Sie ein neues!

Ach ja, eine Frage hätte ich noch: Leben Sie gern? – Es wäre schön, wenn der Titel dieses Buches zu Ihrem Wortschatz gehörte und Sie das unbeschwert sagen könnten: »Ich lebe gern.« Ich wünsche Ihnen jedenfalls viel Glück und viel Segen und lade Sie ein, beidem noch ein bisschen besser auf die Spur zu kommen. Lesen Sie weiter, lachen Sie mit und lassen Sie sich anregen zum Weiterleben.

Seien Sie herzlich gegrüßt
Ihr

Steffen Kern

1 Entscheiden Sie sich für die Freiheit

Leitfragen:
- Wer bin ich wirklich?
- Was bin ich wert?
- Wie bewerten mich andere?
- Welche Bewertungen lasse ich gelten?

»Was bin ich wert?« – Ich weiß nicht, ob Sie sich das schon einmal gefragt haben. Spannend wird das ja zum Beispiel, wenn Sie mit einem neuen Job anfangen und Sie dann mit dem künftigen Chef verhandeln: Stundenlohn, Monats- oder Jahresgehalt – da wird der eigene Wert in harten Euros bemessen. Ob wir wollen oder nicht: Das Einkommen spielt eine ganz wesentliche Rolle, wenn es um die Bewertung von Menschen geht. Dass eine monatliche Zahl auf dem Kontoauszug nicht wirklich über den Wert eines Menschen entscheiden kann, liegt auf der Hand. Und doch ist uns das Geld, das wir und andere verdienen, nicht gleichgültig. Im Gegenteil, wir wüssten zu gerne, was der Nachbar Monat für Monat bekommt, wir interessieren uns für den Lohnzettel der Kollegen, wir wissen um das Tabu, selbst Freunde und Geschwister nach ihrem Einkommen zu fragen. Dabei sind die Größenordnungen ja allgemein bekannt.

Von Poldi, Schweini und Angie

Ein Hilfsarbeiter ist seinem Arbeitgeber etwa tausend Euro wert – im Monat, versteht sich. Eine Sachbearbeiterin in der Personalabteilung bekommt ungefähr doppelt so viel. 2 300 Euro verdienen Sie vielleicht als Erzieherin oder Krankenschwester, als Lehrer oder Lehrerin 3 000 Euro oder etwas mehr, je nach Schulart und Dienstaltersstufe. Beamte haben dabei die besondere Eigenschaft, dass ihr »Wert« mit zunehmendem Dienstalter steigt. Das unterscheidet sie von Autos, Motorrädern und anderen Gebrauchs-gegenständen, aber auch von Menschen auf dem sogenannten »freien« Arbeitsmarkt. Da geht es mal bergauf, aber auch mal schnell steil bergab. Wenn die Haare grau und/oder weniger werden, werden auch die Euros weniger. Wer zum »alten Eisen« gehört, verliert anscheinend an Wert und muss froh sein, nicht als arbeitssuchend zu gelten. Mit Mitte fünfzig ist oft Feierabend, »Jungsenior« ist dann das neue Etikett. Freilich nicht im öffent-lichen Dienst, in der Verwaltung und in der Politik. Die Bun-deskanzlerin zum Beispiel erhält – inklusive Zuschlägen – gute 20 000 Euro im Monat. Das ist laut Bundesgesetz das 1,67-fache des Gehalts eines Staatssekretärs.

Das klingt für Otto Normalverbraucher (wer ist das eigent-lich?) relativ viel, ist aber verglichen mit den Kickern der Nation relativ wenig. Michael Ballack etwa soll zirka eine halbe Million im Monat bekommen, es kann aber auch mehr sein. Wenn man bedenkt, dass die Jungs, die da über die Stadionrasen sprinten, zum Teil gerade mal der Pubertät entwachsen sind, ist das wiede-rum relativ viel. Wenn Poldi, Schweini und Co ihre Schäfchen im Trockenen haben, kriegt eine gleichaltrige Studentin nur feuchte Augen. Mit Mitte zwanzig hat sie vielleicht ihr Examen und dazu 30 000 Euro Schulden. Sie mag in zwölf Semestern mehr gelesen haben, als eine ganze Fußballmannschaft ein Leben lang je lesen und verstehen wird – aber dafür bekommt sie keine Fernsehgel-der. Die Bandenwerbung im Hörsaal muss erst noch erfunden werden. So ist die Welt, irgendwie unfair und am besten nicht ganz ernst zu nehmen.

Bin ich wert, was ich verdiene?

Das wird deutlich, wenn wir an Popstars und Showsternchen denken. Robbie Williams schießt hier den Vogel ab. Im Jahr 2003 soll er um knapp 40 Millionen Euro reicher geworden sein. So gut kann ein Mensch gar nicht singen, aber sei's drum. Wissen

Sie, was für ein Stundenlohn das ist? Umgerechnet auf eine Vierzigstundenwoche wären das knapp 20 000 Euro – in der Stunde! Dafür muss unsere Kanzlerin einen Monat regieren.

Die Frage ist mehr als fragwürdig: Sind wir wirklich wert, was wir verdienen?

Und was sind wir eigentlich wert, wenn wir nichts mehr verdienen? Wenn ich den Job verliere? Wenn ich mit einem Mal meine Arbeit los und arbeitslos oder, um es etwas korrekter zu formulieren, arbeitssuchend bin? Wenn ich zu den drei bis vier Millionen in Deutschland gehöre, die keine Stelle haben und die keiner haben will? Was bin ich wert, wenn mich keiner brauchen kann?

»120 Pfund Mensch – was macht das?«

Was bin ich wert? – Das ist längst nicht nur eine Frage des Geldes! Man könnte das ja auch rein körperlich betrachten: Was ist ein Mensch wert, wenn man ihn mal mit einem Schwein vergleicht oder einem Rind, so beim Metzger, meine ich. Sagen wir mal, ein Pfund Rindfleisch kostet drei oder vier Euro. Legen wir noch etwas drauf und sagen: Ein Pfund Mensch kostet fünf Euro. Dann wären wir als Einzelexemplar zwischen 500 und 1 000 Euro wert, je nach Gewicht. Wenn wir noch Knochen, Innereien und Fett abziehen, dann kommen wir vielleicht auf magere 200 bis 300 Euro pro Mensch. Also ich weiß nicht, das steigert auch nicht gerade das Selbstwertgefühl.

Es ist natürlich Unsinn, den Wert eines Menschen an seiner Arbeitskraft oder gar seinem Körpergewicht festzumachen. Das ist Ihnen wie mir klar. Und doch ist die positive Alternative gar nicht so einfach zu formulieren. Woran misst sich der Wert eines Menschen?

Was bin ich wert? – Das ist auch eine Frage der Gesundheit. Was bin ich wert, wenn ich krank bin? Was bin ich wert, wenn ich nicht mehr laufen kann? Nach einem Unfall: Stellen Sie sich vor, Sie sitzen von heute auf morgen im Rollstuhl. Nach einer niederschmetternden Diagnose: Sie haben Krebs. Sie fangen sich irgendein Virus ein und liegen flach. – Eine Krankheit verändert ein Leben radikal. Vielleicht ist es für Sie, wenn Sie das hier lesen, gar nicht nur eine Vorstellung, sondern die schlichte Wirklichkeit. Woran messen Sie Ihren Lebenswert?

Wenn der Mensch zum Fall wird

Es gibt so etwas wie eine unausgesprochene Übereinstimmung in unserem Land, wer als leistungsstark und wertvoll gilt und wer nicht. Was sind uns etwa unsere Alten wert? Ich habe oben selbst einmal bewusst das Unwort vom »alten Eisen« gebraucht. Wenn es um die Alten geht, dann zeigt sich schnell das gemeine Wesen unseres Gemeinwesens. In den großen politischen Debatten der letzten Jahre haben wir die Alten und die Pflegebedürftigen vor allem als Kostenfaktor wahrgenommen. Oma und Opa bringen halt keine Leistung mehr. Sie kosten Geld. Sie liegen uns allen auf der Tasche. Sie sprengen unser Rentensystem, und sie machen unser Gesundheitssystem krank. Und wenn sie sich nicht mehr selbst versorgen können, wenn sie nicht mehr rüstig und Corega-Tabs-strahlend vom Heimtrainer lächeln und wenn sie nicht mehr in den Lehnstuhl von »Werther's Original« passen – dann werden sie ganz schnell zum »Fall«: zum Krankheitsfall, zum Pflegefall, zum Betreuungsfall, der Mensch verkommt zum Vorfall, zum Problemfall. Diese Art zu reden ist nichts anderes als eine moderne Variante des Sündenfalls.

Aber die Frage wird umso drängender: Was ist ein Mensch wert? Auch dann, wenn er nichts mehr zu leisten vermag, wenn er keine Kraft mehr hat, kein Geld, nicht einmal mehr ein gutes Wort. Wenn ein Mensch krank wird, senil, nicht mehr denken kann, nicht mehr reden kann, dement ist, wenn er im Bett liegt, wenn seine Erinnerung verblasst wie das Bettlaken. Wenn er alt, krank und rundum nur noch bedürftig ist – worin liegt sein Wert?

 14

Drei Streifen für ein bisschen Wertschätzung

Wertschätzung – darum geht es doch ständig. Das Thema begleitet uns ein Leben lang. Nicht erst im hohen Alter und dann auf dem Sterbebett wird es bedeutsam. Um Anerkennung und Wertschätzung geht es die ganze Zeit. Das brauchen wir. Darauf sind wir aus. Danach sehnen wir uns. Das bestimmt unsere Existenz und das prägt unser Verhalten: Wir wollen wertgeachtet sein!

Deshalb kaufen wir uns auch schicke Kleider und coole Klamotten: um gut auszusehen und gut anzukommen. Deshalb stehen wir auf Puma, Nike oder Adidas. Drei Streifen für ein bisschen Wertschätzung. Darum schlüpfen wir doch in Hugo Boss und Armani und lesen, was die Stunde geschlagen hat, am liebsten von der Rolex- oder der Breitling-Uhr. Und wenn ich ehrlich bin, ich finde ja auch, dass Mercedes und Audi irgendwie besser klingt als Dacia und Hyundai. Gewiss hat der Ruf einer Marke auch etwas mit Qualität und Wertbeständigkeit zu tun, aber zu einem Gutteil eben auch mit der nicht wirklich definierbaren Größe des Images und der Bedeutung, die wir ihr zumessen. Ganze Wirtschaftszweige leben davon, dass wir gut dastehen wollen, dass wir gut bewertet werden wollen.

Ich weiß nicht, worauf Sie stehen, aber gut ankommen wollen wir doch alle. In der Klasse, in der Clique, bei den Mädels oder bei den Jungs, bei den Kollegen und Kunden, bei den Vorgesetzten und Entscheidern, bei den Freunden, den Nachbarn und in der Familie. Wir wollen doch, dass die andern uns toll finden. Wir wollen, dass die andern uns wertschätzen. Jeder will das.

Was bin ich wert? – Das ist die Frage, die uns ständig begleitet. Und nach dem, was die andern von mir denken, oder vielmehr nach dem, wovon ich denke, dass es die andern von mir denken, richtet sich mein Selbstwertgefühl.

Denken Sie mal nach: Wie ist das bei Ihnen? Welche Wertschätzung ist Ihnen besonders viel wert? Überlegen Sie einmal: Von wem erfahren Sie eine Wertschätzung, die Ihnen besonders viel bedeutet – und wie zeigt sich diese Wertschätzung?

_____

_____

_____

_____

Von wem wollen Sie besonders geliebt und geachtet werden, aber Sie werden es nicht? Eine Wertschätzung, die Sie sich wünschen, aber vermissen.

_____

_____

_____

Wenn Sie dieses Buch gemeinsam mit anderen lesen, dann nehmen Sie sich etwas Zeit, um darüber ins Gespräch zu kommen. Wertschätzung erfahren wir alle, und zugleich vermissen wir alle Wertschätzung.

Viele tragen Verletzungen mit sich herum, die sich tief in die Seele gegraben haben, weil eine ersehnte Wertschätzung verweigert wurde. Entzogene Liebe, verweigerter Respekt – das kann bis früh in die Kindheit zurückreichen, das kann aber auch mit dem Chef, dem Ehemann, der Ehefrau oder den Kindern zu tun haben. Nehmen Sie sich Zeit, einmal über Ihr Leben nachzudenken.

Der Markentest

Nun lade ich Sie zu einem kleinen Experiment ein. Es hat eher spielerischen Charakter:

Machen Sie den persönlichen Markentest. Welche Marken fallen Ihnen zu folgenden Stichworten ein? Lesen Sie kurz und halten Sie Ihre spontanen Antworten gleich mit einem Stift fest.

 16

Autos: _____

Nudeln: _____

Schuhe: _____

Parfum: _____

Rasierwasser: _____

Duschbad: _____

Hemden: _____

Jeans: _____

Uhren: _____

Sportartikel: _____

Schokolade: _____

Joghurt: _____

Käse: _____

Bier: _____

Papiertaschentücher: _____

Haselnusscreme: _____

Spülmittel: _____

Waschmittel: _____

Zahncreme: _____

Und? Verbinden Sie mit diesen Marken eher Positives oder Negatives? Erstaunlich, dass es die PR-Strategen immer wieder schaffen, dass die meisten Menschen mit den Marken, die sie kennen, Gutes verbinden, Qualität, Verlässlichkeit. Marken stehen für einen Wert. Markenprodukte haben daher ihren Preis. Sie sind wertvoll. Und darum gilt für uns irgendwie auch der Umkehrschluss: Marken machen uns selbst zu markanten Menschen. Von ihrem Wert fällt etwas auf uns. Marken machen Menschen wertvoller – so scheint es zumindest. Wir selbst gewinnen durch Marken Profil, ein Image färbt auf uns ab. Das wünschen wir zumindest. Ein Stück unserer Identität versuchen wir bewusst oder unbewusst über die Marken, die wir nutzen, aufzubauen. Sie sollen letztlich unseren Lebenswert steigern und unsere Liebenswürdigkeit. Sie machen, das ist unser geheimer Wunsch, das Leben für uns lebenswerter und uns selbst für andere liebenswerter.

Ohne Wertschätzung können wir nicht leben

Ohne Wertschätzung können wir nicht leben. Das ist so. Davon profitieren die Wirtschaft, die Werbung, letztlich unser ganzes Gesellschaftssystem. Wert schätzen wir also, Wert brauchen wir und suchen wir. Die Frage ist nur, wie und wo erfahren wir Wertschätzung?

Sicher ist: Wer keine Wertschätzung erfährt, scheitert. Etwas in uns geht kaputt. Wir werden krank, innerlich und oft auch äußerlich. Ohne Wertschätzung wird Menschsein zur Katastrophe. Ohne Wertschätzung stürzen wir ins Unglück. In den klassischen Krisenphasen des Lebens wird uns das besonders bewusst, oft auch schmerzlich: in der Pubertät, in der sogenannten Lebensmitte, der Midlife-Crisis und beim Eintritt in den Ruhestand. Andere Krisen überfallen uns über Nacht, etwa eine Krankheit, die Kündigung oder der Ehekrach.

Für Jugendliche in der Pubertät, die auf der Suche nach sich selbst sind und eine eigene Identität entwickeln, dreht sich alles um das Thema Wertschätzung. Doch wenn die Seele Achterbahn fährt, kann kein Mensch diese Fragen nüchtern, distanziert und sachlich angehen. Wenn es um unseren Selbstwert geht, sind wir zutiefst betroffen. Wir erfahren Bewertungen von außen als Krise. Wert kommt uns von außen zu, sei es in Beziehungen, durch die Eltern, durch Freunde, durch Partner, sei es durch die Bewertungen in Schule und Ausbildung, aber auch durch Erfolge und Misserfolge im Freizeitbereich, etwa im Sport oder in der Musik. Mitspielen darf eben der, der gut genug ist. Wer die Wertmaßstäbe nicht erfüllt, ist außen vor.

Und das hat Folgen. Wer keine Wertschätzung bekommt, wird aggressiv, entweder gegen sich selbst oder gegen andere. Wer keine Wertschätzung bekommt, der wird hassen – entweder sich selbst oder andere. Wer keine Wertschätzung bekommt, der wird verletzen – entweder sich selbst oder andere.

Ein Schrei aus der Seele

Deshalb gibt es so viel Zoff an unsern Schulen, und deshalb ritzen sich manche Jugendliche selbst ihre Haut auf. Wir sollten uns vor allzu pauschalen Deutungsmustern hüten. Aber für mich ist ganz klar: Wenn ein Mensch losschlägt, ist er mit sich selbst nicht im Reinen. Wer den »starken Max« mimt, ist oft erbärmlich schwach. Wer keine oder zu wenig Wertschätzung erfährt, schlägt ein auf andere und wird gewalttätig, oder er schlägt ein auf sich und nimmt Drogen; er säuft, er raucht, er kifft.

> Wer keine Wertschätzung bekommt, wird aggressiv, entweder gegen sich selbst oder gegen andere.

Ich bin überzeugt davon: Die meisten Kippen und Joints sind letztlich ein Schrei aus der Seele: »Ich will etwas wert sein!« »Ich will geachtet sein!« »Ich will geliebt sein!« Und wenn mich keiner liebt, dann will ich wenigstens gefürchtet und gehasst sein. Auch das ist eine Art Wertschätzung, die erkämpft wird.

»Was bin ich wert?« An dieser Frage entscheidet sich alles. Unser ganzes Leben!

Auf frischer Tat ertappt

Ich will Ihnen von einer Frau erzählen, die nichts mehr wert war – in den Augen ihrer Mitmenschen und wohl auch vor sich selbst. Sie wurde verachtet und verachtete sich selbst. Keiner hat etwas auf sie gehalten. Diese Frau war fertig. Für sie war das Leben eigentlich gelaufen. Sie hatte die Ehe gebrochen. Wahrscheinlich mehrmals. Aber dieses Mal war sie auf frischer Tat ertappt worden, in flagranti erwischt. Und das war übel, sehr übel sogar.

Heute ist das ja kein Problem. Fremdzugehen ist fast an der Tagesordnung. So schmerzlich es für die beiden Partner sein mag, gesellschaftlich gilt Ehebruch nahezu als Kavaliersdelikt. Aber damals war das anders: Auf Ehebruch stand die Todesstrafe. So war das in Israel. Da wurde nicht lange gefackelt. Die Todesstrafe konnte sofort vollstreckt werden, wenn die Sachlage offensichtlich war. So im Fall dieser Frau.

Sie können diese Geschichte nachlesen. Sie steht am Anfang des achten Kapitels des Johannesevangeliums im Neuen Testament. Da entdecken also einige Männer des Dorfes diese Frau beim Ehebruch. Sie schläft mit einem Mann, der nicht ihr Mann ist. Und die Männer aus dem Dorf stürmen ins Zimmer. Sie zerren sie heraus. Sie stellen sie zur Rede. Und sie schleppen sie hinaus, um sie zu steinigen. Das war damals die übliche Todesstrafe.

In den Augen dieser Männer ist diese Frau einfach nichts mehr wert. Gar nichts ist sie wert. Denn sie hat gegen das Gesetz Gottes verstoßen. Die Frau ist schuldig. Die Frau hat Strafe verdient. Damit haben die Männer nicht ganz unrecht: Denn Gott will nicht, dass wir die Ehe brechen. Das steht im Alten Testament, im Gesetz Gottes. Das wissen sie. Sie sind ja fromme Männer. Pharisäer und Schriftgelehrte, so eine Art Pfarrer der damaligen Zeit, gescheite und fromme Leute.

Aber dann kommt ihnen eine Idee. Bevor sie die Frau umbringen, bringen sie sie zu Jesus von Nazareth, einem Wanderprediger und Lehrer der damaligen Zeit. Der ist gerade im Tempel und lehrt. Eine Menge Leute hören ihm zu. Dorthin schleppen die Gesetzeshüter die Frau. Sie klagen sie an. Sie werfen sie auf den Boden vor ihm hin. Wie ein Stück Dreck wird sie hingeworfen. Dann fragen sie ihn:

»Jesus, wir haben diese Frau beim Ehebruch ertappt. Im Gesetz steht, sie muss gesteinigt werden. Was sagst du?«

Was soll Jesus jetzt sagen? Sagt er: »Ach, lasst sie doch laufen, seht das nicht so eng, kann ja jedem mal passieren«, dann würde er gegen das Gesetz Gottes reden. Aber wenn er sagt: »Ihr habt recht. Die ist schuldig. Also steinigt sie!«, dann wäre er lieblos und gnadenlos, und dabei redet er doch immer von der Liebe und der Gnade Gottes. Was soll Jesus sagen? Er sitzt in einer Falle.

Wissen Sie, was Jesus sagt? – Er sagt erst einmal gar nichts.

Er bückt sich und schreibt mit dem Finger in die Erde. Eine geheimnisvolle Geste. Ein altes Zeichen der Propheten. Was er damit sagen will, das zeigt sich wenig später. Dann steht er wieder auf und sagt zu den Männern:

»Wer von euch ohne Sünde ist, der werfe den ersten Stein!«

Die Männer stehen da. Regungslos. Keiner macht auch nur einen Muckser. Es fällt ihnen wie Schuppen von den Augen: Ohne Sünde ist kein Mensch. Ohne Schuld ist niemand. Keiner hat das Recht, sich über einen andern zu erheben. Keiner ist mehr wert als der andere. Wir alle sind schuldig vor Gott. Dem Gericht und Urteil Gottes ausgesetzt. Genau das deutet Jesus mit seiner Zeichenhandlung an: Gottes Urteil, geschrieben in diese Erde, es gilt das Urteil des Himmlischen über uns Erdlinge. Seine Bewertung zählt. Und wenn wir Schuld schon ernst nehmen, dann bitte richtig. Keiner hat sich sein Leben verdient. Im Gegenteil: Wir haben streng genommen alle den Tod verdient – wie diese Frau.

Die Männer stehen da. Sie haben noch die Steine in der Hand. Der Blick von Jesus ruht auf ihnen. Er wartet. Knisternde Spannung liegt in der Luft. Sie schäumen vor Wut. Sie wollten Jesus eine Falle stellen, jetzt stecken sie selbst in der Krise. Dabei hat er nur einen Satz gesprochen. Härte zeichnet sich auf ihren Gesichtern ab. Zorn blitzt aus ihren Augen. Aber es ist nicht der

Moment für eine Gegenrede. Was sie auch sagten, wäre nur ein Eingeständnis ihrer eigenen Unzulänglichkeit. Darum löst sich die Situation wortlos. Irgendwann lässt der Erste seinen Stein fallen und geht weg. Nach und nach machen es die andern genauso. Alle drehen sich um und verschwinden. Alle, auch die, die vorher nur Zuhörer waren. Alle gehen weg. Keiner hält diesen Blick von Jesus aus. Alle sind sie durchschaut. Keiner wirft auch nur einen Stein. Niemand sagt auch nur ein böses Wort.

Jetzt steht Jesus allein mit dieser Frau im Tempel. Nur Jesus und sie. Jetzt erst begegnen sie sich. Jetzt kommt der entscheidende Moment. Jesus sieht sie an. Sie wagt es nicht, ihn anzusehen. Immer noch ganz gebückt und gedrückt. Total verängstigt ist sie, gedemütigt, buchstäblich am Boden zerstört. Sie schluchzt. Sie zittert am ganzen Leib. Sie weiß nicht, wie ihr geschieht.

Dann fragt Jesus sie: »Wo sind sie? Hat dich irgendjemand verdammt?«

Ganz langsam öffnet sie die Augen. Vorsichtig hebt sie den Kopf, sieht sich um und stammelt zögernd: »Nein, Herr«, und staunt ungläubig, »niemand.«

Dann sagt Jesus einen Satz, der ihr Leben völlig verändert. Es wird der wichtigste Satz, den sie jemals hören wird:

»Dann verdamme ich dich auch nicht.«

Ein Lebenswort gibt Lebenswert

Dieser Satz ist ein echtes Lebenswort, denn dieser Satz gibt ihr neuen Lebenswert. Zum Tod war sie verurteilt. Jetzt lebt sie, weil einer nicht in die Bewertungen der anderen einstimmt, weil sie einer anders sieht als die anderen und vermutlich auch als sie selbst, weil Jesus für sie eintritt. Er zeigt ihr, was sie wirklich wert ist. Er bringt ihr Wertesystem und das ihrer Umwelt ins Wanken und setzt neue Maßstäbe, göttliche Maßstäbe, die zugleich zutiefst menschlich sind. Sein Wort gibt ihr eine ganz neue Würde.

Was bin ich wert? Das ist unsere Ausgangsfrage. Und die *Antwort* ist zunächst: Wir brauchen jemanden, der das rechte Maß der Bewertung setzt. Unseren Wert geben wir uns nicht selbst. Er wird uns von einem anderen zugedacht. Auch unser Selbstwertgefühl orientiert sich an einem Maßstab, der von außen kommt. Die entscheidende Frage ist daher, welchen Wertmaßstab wir wählen, welche Kriterien wir gelten lassen. Der Maßstab, den Jesus wählt, ist das Maß der Menschenliebe Gottes. Sie sprengt alle anderen Kategorien, gerade auch die religiösen Wertorientierungen der damaligen Religionsvertreter.

Für diese Frau können wir zunächst festhalten: Ohne Jesus wäre sie verloren gewesen, sie wäre verachtet geblieben. Sie wäre festgelegt geblieben auf ihre Schuld. Ihr Urteil wäre in gesetzesgemäßer Gnadenlosigkeit vollstreckt worden und hätte ihr alles genommen.

Was uns nicht glücklich macht

Ich halte es für eine entscheidende Entdeckung, welche Maßstäbe uns letztlich *keinen* Wert geben. Wissen Sie, Sie können viel Anerkennung bekommen, Lob einstreichen und Schulterklopfen. Sie mögen Erfolg haben. Sie können vielleicht auch viel verdienen, eine Menge Kohle scheffeln, sich die Taschen vollhauen. Aber selbst wenn Sie es zu einem zweiten Robbie Williams brächten – Sie werden nie erreichen, was Sie wirklich wert sind. Irdische Dinge können uns letztlich nicht glücklich machen. Sie können uns erfreuen. Und es ist gut, wenn wir uns an ihnen freuen und sie von Herzen genießen. Ich will Ihnen die Erde nicht madig machen, im Gegenteil: Nehmen Sie alles Gute dieser Erde als gute Gaben aus Gottes Hand. Aber doch will ich festhalten: Irdische Dinge können uns nicht den Wert geben, nach dem wir uns sehnen.

Erfolg, Reichtum und Sex

Erfolg kann das nicht. Es gibt Menschen, die glauben, eine Karriere wäre ein Weg zu innerer Erfüllung: gute Noten, akademische Titel, eine einflussreiche Stellung, Ansehen und Macht – aber das gibt Ihnen keinen echten Lebenswert!

Reichtum kann das auch nicht. Viele Menschen glauben immer noch, ein volles Bankkonto garantiere ein hohes Selbstwertgefühl. Doch ich könnte Ihnen so erschreckend viele Geschichten erzählen von steinreichen, aber todunglücklichen Menschen. Wir werden später noch ausführlicher zum Thema Geld und Besitz kommen. Hier will ich nur einmal sagen: Nein, ich glaube nicht mehr, dass Geld unsern Wert bestimmt.

Übrigens, auch Sex gibt uns keinen Lebenswert. Sexualität ist etwas Großartiges, auch eine gute Schöpfungsgabe Gottes. Und wenn wir sie so leben, wie Gott es will, nämlich eingebunden in eine treue und verlässliche Liebesbeziehung, dann tut sie uns nur gut. – Dafür steht übrigens die Ehe zwischen Mann und Frau, die bereits im Alten Testament vorgezeichnet ist und von den Zehn Geboten bis hinein in unser Grundgesetz einem besonderen, einzigartigen Schutz unterliegt. – Sexualität ist etwas Wunderbares. Aber Sex ist nicht geeignet, um unsere tiefste Sehnsucht nach Glück zu stillen. Damit würden wir unsere Sexualität überfordern, und ich fürchte, mit diesen überzogenen Erwartungen überfordern auch viele Paare ihr Sexualleben. Wenn die Wirklichkeit die überhöhten Erwartungen nicht erfüllt, entsteht ein Frust, der die Lust nach und nach zu überlagern droht. Die Leichtigkeit geht verloren. Ein merkwürdiger Erwartungsdruck belastet die intime Zeit zu zweit. »War ich gut?« So lautet die aus unzähligen Filmen bekannte Frage nach der Bettszene. Sie ist verheerend, weil sie Sexualität auf eine vermeintlich bewertbare Leistung reduziert und damit die Freude nimmt.

Bitte verstehen Sie mich recht, Erfolg, Reichtum und Sexualität – das alles ist nichts Schlechtes. Es wäre ein komplettes Missverständnis, wenn Sie dieses Buch auf die Seite legten und sagten, der Autor sei gegen alles, was das Leben schön macht. Ich wünsche Ihnen alles Schöne dieser Erde. Der Punkt ist nur: All das – so schön es sein mag – gibt uns nicht den Wert, den wir suchen. Wenn wir das erwarten, werden wir immer wieder enttäuscht werden.

Sie sind sehr gut!

Wert, echten Lebenswert haben wir, ohne dass wir auch nur eine Kleinigkeit leisten. Nichts, gar nichts müssen wir tun. Vor allem Tun haben wir schon eine Würde und einen Wert. Bevor überhaupt ein Mensch etwas sagen und tun konnte, hat der Schöpfer gesagt: Es ist sehr gut. Wir Menschen sind geschaffen als Gottes Ebenbilder. Das steht auf den ersten Seiten der Bibel, und diese wenigen Kapitel sind das Fundament unseres Grundgesetzes, wenn es dort in Artikel 1 heißt: »Die Würde des Menschen ist unantastbar.« Es ist entscheidend, dass wir das hören: Gottes erstes Urteil über uns Menschen, über Sie und mich: Wir sind sehr gut.

Halten Sie an dieser Stelle einmal kurz inne und überlegen Sie:

Was können Sie gut?

Welche Begabungen hat Gott in Ihr Leben gelegt?

Welche natürlichen Talente haben Sie?

Was haben Sie sich angeeignet?

Was haben Sie gelernt?

Schreiben Sie das einmal auf.

Und noch etwas: Wenn Sie gerade mit jemand zusammensitzen – fragen Sie doch einmal Ihr Gegenüber, vielleicht jemand aus der Familie oder einen Ihrer Freunde, welche Begabungen er in Ihnen sieht. Bitte nicht gleich wieder bescheiden die Fehler und Mängel und Unzulänglichkeiten dazunotieren. Hier gelten erst mal nur Ihre positiven Seiten.

Was Sie Wertvolles an sich entdecken:

_____

_____

_____

_____

_____

_____

_____

_____

_____

_____

Was andere Wertvolles an Ihnen entdecken:

_____

_____

_____

_____

_____

_____

_____

_____

_____

_____

Sie werden diese Liste im nächsten Kapitel noch ergänzen können.

»Sehr gut, trotz großer Fehler« – die Frau hört dieses unglaubliche Urteil von Jesus. Auch wir erfahren das, wenn wir auf Jesus hören, wenn wir uns das sagen lassen: »Ich verdamme dich auch nicht. Ich vergebe dir.«

Das sagt Jesus. Nur er kann das sagen. Denn er ist der Sohn Gottes. Er hat die Autorität dazu, die göttliche Autorität.

Nun kann es sein, dass Sie antworten: »Was interessiert mich das, wie Gott über mich denkt?«

Ich will Ihnen deutlich machen: Ihm sind Sie unendlich viel wert. Er hat alles für Sie gegeben. Den Himmel sind Sie ihm wert. Den hat er nämlich verlassen. Er ist auf diese Erde gekommen und Mensch geworden wie Sie – weil Sie es ihm wert sind.

Er hat hier gelebt. Er hat hier gelitten. Er hat sich verspotten lassen. Er hat sich hier schlagen lassen. Er hat sich zum Idol und zum Idioten machen lassen. Er hat alles mit sich machen lassen, sogar einen falschen Prozess durchgestanden – weil Sie es ihm wert sind.

Er hat sich ans Kreuz schlagen lassen. Schreckliche Schmerzen. Furchtbare Qualen. Ihre ganze Schuld hat er auf sich genommen. An Ihrer Stelle hat er das Gericht Gottes auf sich genommen. Die Todesstrafe, die diese Frau, die Sie und ich verdient haben mögen. Er ist gestorben für uns. Ich will es mal zugespitzt sagen: Für Sie ist er durch die Hölle gegangen – weil Sie es ihm wert sind.

Das alles mit einem Ziel: Damit wir nicht verdammt werden. Damit wir nicht gesteinigt werden wie diese Frau – von uns selbst nicht und von anderen nicht. Damit wir nicht die gnadenlosen Urteile aller Welt über uns gelten lassen. Damit wir leben. Jesus nimmt unsere Schuld auf sich. Logisch erklären kann ich das nicht; ich halte nur fest: Ihm sind wir mehr wert, als wir ahnen. Er gibt uns den Wert zurück, den Gott in unser Leben gelegt hat, als er uns erschaffen hat.

Nein, das sind keine leeren Worte, weil das eben gut klingt, weil das vielleicht der Seele guttut.

»Ich verdamme dich nicht.
Ich vergebe dir.
Du bist mir unendlich viel wert.«

Dieses Wort hat Jesus unterschrieben mit seinem Blut. Dafür steht das Kreuz. Da hat er gezeigt, wie ernst er es meint. Meine Bitte an Sie ist: Hören Sie es nur und lassen Sie sich das zusagen. Lassen Sie sich wertschätzen von Jesus. Sie sind wertvoll, denn Sie sind von Gott geliebt.

Deshalb sagt er am Schluss zu der Frau: »Sündige ab jetzt nicht mehr.« Das heißt so viel wie: »Achte dein Leben so wertvoll wie ich. Lebe nach Gottes guten Ideen für dich, nach seinen Geboten – aber nicht, um erst etwas wert *zu werden*. Nein, lebe nach Gottes Geboten, weil du schon wertvoll *bist*.« Das heißt glauben, und darin liegt ein Stück Glück: sich wertschätzen zu lassen und mit Werten leben.

Lassen Sie sich nicht kleinmachen!

Viele Bewertungen, denen wir unterliegen, wirken wie ein hartes Gesetz. Sie begrenzen uns, sie engen uns ein und nehmen uns die Freiheit zum Leben. Ob wir diese Bewertungen und Wertmaßstäbe aber gelten lassen, liegt an uns. Darum will ich Sie ermutigen. Entscheiden Sie sich für die Freiheit, und lassen Sie sich nicht mehr kleinreden. Lassen Sie sich nicht einreden, Sie wären zu dumm, zu schuldig, zu fehlerhaft, zu gering, zu hässlich, zu arm, zu krank, zu wenig gebildet, zu wenig anerkannt, zu wenig…Lassen Sie sich nicht vormachen, Sie seien zu dick oder zu dünn, zu doof oder zu ungeschickt, Sie hätten zu viele Pickel oder zu schlechte Noten, zu viele Falten oder zu wenig Muskeln, zu viel Gewicht oder zu wenig Haare oder sonst irgendetwas zu viel oder zu wenig. – Sie sind ein Original. Sie sind geliebt. Sie sind unendlich viel wert.

Die James-Bond-SMS zwischendurch:

Sag niemals nie

Sein Name ist Bond. James Bond.
007 bringt uns eine Message zum Leben.
Zum Beispiel: »Sag niemals nie.«

So hieß der Bond-Film aus dem Jahr 1983.
Sean Connery, Klaus Maria Brandauer, Kim Basinger in:
»Never Say Never Again« – »Sag niemals nie«.

Vielleicht haben Sie schon öfter »nie« gesagt:

»Nein, in der Bibel les ich nie.«
»Jeden Sonntag in die Kirche – niemals!«
»Nein, mit Gott und so will ich nie was zu tun haben.«
Das Evangelium – das hat Sie nicht geschüttelt und nicht gerührt.

Aber Vorsicht: Sag niemals nie!
Wer weiß, vielleicht begeistert er Sie ja doch noch.
Vielleicht packt er Sie ja noch.
Vielleicht begegnet er Ihnen ja noch:
Der Gottessohn im Geheimdienst der himmlischen Majestät.

Sein Name ist Christus. Jesus Christus.

Ich hab dich je und je geliebt

Ich hab dich je und je geliebt.
Schon immer hab ich dich im Blick.
Ich hab für dich den Weg gewählt
und bringe dir das Glück zurück.
Ich komm zu dir und bleib dir treu,
die Tür geht auf, und du bist frei.

Ich hab dich je und je geliebt.
Schon immer hab ich dich geführt.
Ich hab für dich die Welt gewählt,
damit der Himmel dich berührt.
Für dich mein Herz, auch wenn es bricht.
Für mich die Nacht, für dich das Licht.

Ich hab dich je und je geliebt.
Schon immer lenk ich deinen Schritt.
Ich hab für dich das Kreuz gewählt
und trag die Last von dir auch mit.
Mein Leib für dich, für dich mein Blut,
bis deine Hand in meiner ruht.

Ich hab dich je und je geliebt.
Noch immer ruht mein Blick auf dir.
Ich habe dich zum Kind erwählt.
Darum trennt dich nun nichts von mir.
Du bist nun mein, und ich bin dein.
Für immer wirst du bei mir sein.

Text: Steffen Kern
Melodie: Mir ist Erbarmung widerfahren
© cap-music, 72 221 Haiterbach-Behingen

Das halte ich für mich fest

Ihr persönliches Fazit nach diesem Kapitel

Das will ich mir merken

Halten Sie hier fest, was Ihnen beim Lesen dieses Kapitels wichtig geworden ist: einen Gedanken, einen Satz, eine Idee, einen Impuls.

_____

_____

_____

_____

_____

Diese Konsequenz ziehe ich für mich

Halten Sie hier fest, welche Schlüsse Sie aus Ihrer Erkenntnis ziehen, was Sie tun wollen, was Sie von nun an anders oder was Sie bewusster tun wollen.

_____

_____

_____

_____

_____

2 Entfalten Sie Ihre Begabungen und Ihren Besitz

Leitfragen:
- Was sind Sie und was haben Sie?
- Wie reich sind Sie?
- Wie groß ist Ihr Vermögen und wie groß Ihre Dankbarkeit?
- Wie wirken Sie auf andere?
- Was haben Sie bekommen und was geben Sie weiter?

Eine Episode, die sich so wohl nie zugetragen hat, aber dennoch gerne erzählt wird:

Ein reicher Mann liegt auf dem Sterbebett. Er möchte sein Vermögen mit ins Grab nehmen. In seiner letzten Stunde lässt er seinen Arzt, seinen Anwalt und einen Pfarrer zu sich rufen. Jedem übergibt er 50000 Euro und lässt sich versprechen, dass bei der Beerdigung alle drei das Geld in sein Grab legen. Bei der Beerdigung treten nacheinander der Pfarrer, der Arzt und der Anwalt an das Grab und werfen einen Briefumschlag hinein.

Auf dem Nachhauseweg bricht der Pfarrer in Tränen aus: »Ich habe gesündigt. Ich muss gestehen, dass ich nur 40000 Euro in den Umschlag gesteckt habe. 10000 Euro habe ich für eine neue Orgel in unserer Kirche genommen.«

Darauf sagt der Arzt: »Ich muss zugeben, dass ich sogar nur 30000 Euro ins Grab geworfen habe. Unsere Klinik brauchte dringend neue Geräte, dafür habe ich 20000 Euro abgezweigt.«

Der Anwalt erwidert: »Meine Herren, ich bin erschüttert! Selbstverständlich habe ich dem Verstorbenen über die volle Summe einen Scheck ins Grab gelegt.«

Die beste Geldanlage ...

Tja, mit dem Geld ist das so eine Sache. Mit ins Grab nehmen könnten wir es vielleicht noch, aber mit in den Himmel sicher nicht. Trotzdem, hier auf dieser Erde ist Geld sehr nützlich, ja eigentlich unerlässlich. Mehr noch: Es ist das Zentrum, um das sich dieser Planet zu drehen scheint. Geld regiert die Welt. Und doch steckt das Geld derzeit selbst in der Krise. Was ist mein Geld von heute morgen noch wert? Keine Geldanlage scheint mehr sicher. Aktienkurse sind im Keller, die Zinsen im Allzeittief, die Immobilienpreise sinken. Die beste Geldanlage wären wohl die Steuern, denn die steigen bestimmt.

Aber ich will mich auf diesen Seiten ja nicht als Anlageberater versuchen, sondern Ihnen einige Impulse zum segensreichen Umgang mit Ihrem Hab und Gut geben.

Dazu mal eine etwas indiskrete Frage: Wissen Sie, was Ihr Nachbar verdient? Nein? Aber interessieren würde es Sie schon, oder nicht? Ich meine, warum der sich schon wieder ein neues Auto leisten kann und zwar auch noch eines mit Stern oder mit den vier Ringen, das fragen Sie sich doch schon lange. Und wie der das macht mit dem Haus und den Urlaubsfahrten – das wurmt Sie doch schon immer. Bestimmt hat er geerbt. Aber von wem und wie viel?

Der klammheimliche Wettbewerb

Kaum etwas regt unsere Fantasie so sehr an wie das Geld – abgesehen von den Beziehungen zwischen Mann und Frau vielleicht, aber dazu kommen wir später. Das Elend beim Geld ist das Vergleichen mit anderen. Wir fragen ständig, wie viel der andere wohl hat und wie wir im Vergleich mit anderen dastehen. Da muss der Nachbar genauso herhalten wie die Geschwister, die Kollegen oder auch nur der Durchschnittsbundesbürger. Wir suchen immer einen Vergleichspunkt, gegenüber dem wir sagen können: Wir stehen besser da. Und sobald einer ein bisschen mehr hat, fühlen wir uns elend. Dabei interessieren uns die Fußballstars und Spitzenmanager nicht so sehr, aber eben der, mit dem wir uns in etwa in einer Liga sehen. Ein Bettler beneidet bekanntlich nicht den Millionär, sondern den andern Bettler neben ihm, der mehr kassiert als er selbst.

Darum lassen wir uns klammheimlich auf einen Wettbewerb ein, der unsere Wirtschaft in Schwung hält. Wir kaufen, um uns gut zu fühlen – im Vergleich mit den genannten anderen. Wir kaufen, um besser dazustehen, vor allem, um den andern das Gefühl zu geben, dass sie schlechter dastehen. Dabei kaufen wir durchaus Dinge, die wir gar nicht brauchen, womöglich mit Geld, das wir gar nicht besitzen, um die anderen zu beeindrucken, die wir letztlich gar nicht so genau kennen. Aber das ist wurst. Hier geht es ums Prinzip, und irgendwie auch um die Ehre. Zugegeben, Autos und andere motorisierte Fortbewegungsmittel sind eher eine Männerdomäne. Das macht die Damenwelt mit Kleidern, Handtaschen und Schuhen aber wieder wett, mindestens.

Geld macht einsam

Dabei ist es eine Binsenweisheit, dass Geld nicht glücklich macht. Auch nicht zufrieden. Sobald wir haben, was wir immer haben wollten, wollen wir schon wieder zwei andere Sachen haben, um dann glücklich zu sein. Nein, Geld macht weder glücklich noch zufrieden, es beruhigt nicht einmal. Es bringt nur Sorgen mit sich, die man ohne es gar nicht hätte. Und: Geld macht einsam.

Wer reich ist und in einer schönen Villa wohnt, wird einsam. Wer einen oder mehrere allzu schnelle und schnittige Schlitten fährt, ist ein Sonderling. Wer seinen Besitz allzu offen präsentiert, distanziert sich von den anderen. Wer sich zu deutlich von der Mehrheit abhebt, grenzt sich selbst aus. Darum sind viele im Verborgenen reich. Ich komme aus dem Schwabenland, und hierzulande hat das eine gewisse Tradition. Man ist »hälinga« reich, also im Geheimen. Man hat zwar ein bis zwei, vielleicht auch drei oder vier Bauplätze, ein paar Wiesen und »Äckerla«, möglicherweise auch einen »Wengert« (zu Deutsch: Weinberg), aber darüber redet man nicht. Man zeigt es nicht. Stattdessen jammert man. Man lamentiert und schwadroniert, ob es wohl auch »langt«. Man versucht, »das Sach« zusammenzuhalten, so gut es geht. Und man gibt diese Haltung an die nächste Generation weiter. Insbesondere heiratswilligen Kindern wird eingeschärft: »Liebe vergeht, Hektar besteht.«

Deutschland, einig Discountland

Keine Frage, darin steckt auch ein Stück Lebensweisheit. Aber es ist doch eine Einsicht in die Armseligkeit unserer Existenz. Das, was uns antreibt, ist das Geld. Deutschland ist längst zum Discountland geworden. Wir sind zu einem Volk von Geizkragen und Schnäppchenjägern verkommen. Längst haben wir verinnerlicht, dass Geiz geil ist, dass wir »teuer« hassen, dass die kleinen Preise auch eine große Reise wert sind. Wir sind doch nicht blöd und wissen, wo es alles außer teuer gibt. Wir wissen, wo es 20 Prozent auf alles außer Tiernahrung gibt. Und wir wissen, in welchem Supermarkt wir all die Schnäppchen bekommen, welcher Weg sich lohnt und wo wir auch netto noch im Plus sind.

Ein reicher Mann

Darf ich Ihnen an dieser Stelle einen Mann vorstellen? Er ist reich, wirklich sehr reich, buchstäblich wohlhabend. Er besitzt ein großes Haus in Jerusalem mit mehreren Wohn- und Schlafräumen. Wenn er am Fenster steht, dann sieht er über die ganze Stadt. Er hat Angestellte, die sein Haus putzen, seinen Garten pflegen und seine Tiere versorgen. Selbstverständlich wird für ihn gekocht. Alles, was er braucht, wird ihm hergerichtet. Er ist einer der Oberen der

Stadt, nicht nur weil er Geld hat, auch weil er gebildet ist. Er hat studiert. Er hat viel gelernt und hat es weit gebracht. Kurzum: Er hat viel und weiß viel und kann viel. Er hat viel Besitz.

Dieser Mann begegnet eines Tages Jesus. Diese Geschichte steht in Lukas 18,18-27:

Der reiche Mann

Ein führender Mann des jüdischen Volkes stellte Jesus einmal folgende Frage: »Guter Meister, was muss ich tun, um das ewige Leben zu bekommen?« »Warum nennst du mich gut?«, fragte Jesus ihn. »Nur Gott ist wirklich gut. Doch du kennst die Gebote: ›Du sollst nicht die Ehe brechen. Du sollst nicht töten. Du sollst nicht stehlen. Du sollst keine Falschaussage machen. Ehre deinen Vater und deine Mutter.‹« Der Mann erwiderte: »Seit meiner Kindheit habe ich diese Gebote alle befolgt.« »Es gibt noch eines, das dir fehlt«, sagte daraufhin Jesus. »Verkaufe alles, was du hast, und gib das Geld den Armen, und du wirst einen Schatz im Himmel haben. Dann komm und folge mir nach.« Als der Mann das hörte, wurde er traurig, denn er war sehr reich. Jesus sah ihm nach, als er wegging, und sagte dann zu seinen Jüngern: »Wie schwer ist es doch für die Reichen, ins Reich Gottes zu kommen! Eher geht ein Kamel durch ein Nadelöhr, als dass ein Reicher ins Reich Gottes kommt!« Als die Umstehenden das hörten, sagten sie: »Wer kann denn dann überhaupt gerettet werden?« Er antwortete: »Was menschlich gesehen unmöglich ist, ist bei Gott möglich.«

Die Geschichte wirft Fragen auf: Ist Besitz etwas Schlechtes? Sollten wir besser gar nichts haben und auch besser gar nichts haben wollen? Müssen wir alle einfach verzichten lernen? Sollten wir alles hergeben, was wir haben, damit wir gute Menschen sind? Braucht es eine Gesellschaft, in der keiner etwas besitzt, in der Privateigentum verpönt ist? Ist Besitz sogar Sünde? – Jedenfalls, die Geschichte *dieses* Mannes ist eine Tragödie. Aber schauen wir uns das genauer an.

Der junge Mann ist ja kein Bösewicht. Im Gegenteil. Er hat sich an die Gebote gehalten. Er weiß, was gut und richtig ist. Und er tut es auch. Allein, dass er reich ist – das macht ihn nicht zu einem schlechten Menschen. Das müssen wir als Erstes festhalten:

Mein Besitz ist ein Segen

Wir haben einen Gott, der gibt. Und zwar im Überfluss. Gott gibt reichlich. Er hat diese Welt geschaffen und gibt sie uns. Er gibt uns diese Erde mit all ihren Gütern. Früchte, Tiere, Bodenschätze. Unendlich viele Möglichkeiten. Er gibt uns das Leben. Gott will für uns das Paradies. Adam und Eva hat er dort hineingestellt. Die ganze Schöpfung: Ursprünglich schafft Gott Leben im Luxus.

Wir alle sind unendlich reich – reich beschenkt von Gott.

Das zieht sich durch die ganze Bibel. Viele vorbildliche Menschen der Bibel waren reiche Leute. Abraham, Isaak und Jakob, David und Salomo. Hiob war ein reicher Mann. Auch Petrus und Lazarus und Maria und Martha hatten Besitz. Gott gibt. Gott will, dass wir etwas besitzen. Er will, dass es uns gut geht. Er will das Paradies für uns.

> Ursprünglich schafft Gott Leben im Luxus.

Besitz ist also nichts Schlechtes. Gott gibt reichlich. Also will er, dass wir auch reichlich haben. Besitz ist ein Segen.

Übrigens, Besitz meint ja nicht nur Luxusgüter. Gegenstände wie Schmuck, Autos, teure Sachen. Besitz bezeichnet auch unsere Begabungen und unsere Fähigkeiten. All das, was wir können. Wirklich, alles, was wir sind und haben!

Unsere natürlichen Talente. Wenn eine musikalisch ist, singen und spielen kann und durch Gehör und Gesang neue Welten erobert. Oder wenn ein anderer sportlich ist und ausdauernd trainiert, um mit Technik und Kraft neue Möglichkeiten zu erschließen. Wenn jemand gut rechnen kann, eine andere gut schreiben, gut formulieren, gut reden. Wenn jemand malen und zeichnen kann, die Kunst der Farben und feinen Linien beherrscht und so auszudrücken vermag, was Worte und Töne nicht beschreiben können. – Dann ist das alles etwas Großartiges. Es gehört zu dem sehr Guten, das Gott geschaffen hat, an dem er sich freut und das ihn ehrt.

Auch unsere Fähigkeiten, die wir gelernt haben, die Dinge, die wir uns erarbeitet haben, gehören dazu. Das Lesen, das Schwimmen, der Schulabschluss, das Reiten, das Studium, die Ausbildung. All das besitzen wir. Und dieser Besitz ist ein Segen.

Wissen Sie, was Sie besitzen?

Halten Sie einmal fest, was Ihnen gehört. Beginnen Sie eine Liste, die garantiert nicht auf diese Seite passt:

_____

_____

_____

_____

_____

_____

Halten Sie einmal fest, was Sie können.

Was ist eine natürliche Begabung von Ihnen, die Sie besonders schätzen? Wählen Sie eine der Begabungen aus, die Sie bereits oben auf Seite 26 notiert haben.

_____

Woran freuen Sie sich? Was macht Ihnen besonders viel Spaß?

_____

Was schätzen andere besonders an Ihnen? Wenn Sie es nicht wissen, fragen Sie nach (wiederum siehe unten auf Seite 26)!

_____

_____

Was haben Sie im Laufe Ihres Lebens gelernt? Notieren Sie eine erlernte Fähigkeit, auf die Sie besonders stolz sind.

_____

_____

Was können Sie besonders gut? Nennen Sie eine besondere Stärke.

_____

Was können Sie noch? Seien Sie mal ganz unbescheiden. Ergänzen Sie diese eine besondere Stärke durch drei andere Stärken, die Sie auch haben.

_____

_____

Was können Sie nicht oder kaum? Hier ist Raum für eine besondere Schwäche.

_____

_____

Könnte es sein, dass diese Schwäche auch wiederum etwas Positives hat? Was? Und für wen?

_____

_____

Sich freuen an Gottes Gaben

Wir alle dürfen uns freuen, an dem, was wir haben. Gott hat es uns gegeben. Selbst »mein Haus, mein Auto, mein Boot« sind zunächst nichts Böses. All das können Gaben Gottes sein. Halten wir das fest – und gönnen einander das Gute. Ich weiß nicht, wie es Ihnen da geht. Dem, der weniger hat als wir, dem gönnen wir schon auch mal was Nettes. Aber wenn der schon zitierte Nachbar wieder etwas Neues hat, dann werden wir missgünstig. Dann grämt uns das in unserer Seele. Und wir gönnen es einander nicht. Einem Bettler Reichtum zu wünschen ist keine Kunst. Aber einem Reichen seinen Besitz zu gönnen – das fällt schwer. Doch Gott gibt, was er will und wem er will. Besitz ist ein Segen, auch der des andern.

Konsequenzen

Das hat Konsequenzen für uns: Arbeiten, um zu verdienen, es zu etwas bringen zu wollen, das eigene Geld vermehren zu wollen, ein positives Verhältnis zum Vermögen zu gewinnen – all das hat sein Recht. Privateigentum zu haben, ist eine gute biblische Tradition. Gesellschaftsformen, die Menschen enteignet haben, verkennen diesen biblischen Grundzug: Besitz ist ein Segen. Aber – und das sollten wir als Zweites auch bedenken:

Mein Besitz kann zum Fluch werden

Jetzt geschieht etwas Merkwürdiges. Und das ist tragisch für den reichen jungen Mann in der biblischen Geschichte. Er hat ja ein ganz ernsthaftes Interesse. Er will von Jesus wissen: »Wie komme ich in den Himmel? Wie bekomme ich ewiges Leben?«

Er weiß: Das ist die alles entscheidende Frage. Die wichtigste Frage im Leben. Das können wir von ihm lernen. Die wichtigste

 40

Frage unsres Lebens ist die, ob unser Leben diese irdischen Grenzen überwindet, ob alles aus ist oder alles weitergeht, ob wir ewig mit Gott leben werden oder ob wir verloren sind. Dabei ist »ewig« nicht nur ein zeitlicher Begriff, der das Endliche ins Unendliche verlängert beschreibt, sondern »ewig« ist ein qualitativer Begriff. Er bezeichnet Leben in seinem Ursprung und mit seinem Ziel. Leben in einer Qualität, die das Heute übersteigt. Danach fragt dieser Mann.

Und dann trifft Jesus seinen wunden Punkt: »Verkaufe alles, was du hast, und gib das Geld den Armen!«

Zugegeben: Das ist ein starkes Stück! »Verkaufe alles, was du hast!« Stellen Sie sich das mal vor, Jesus würde zu Ihnen sagen: »Verschenke alles, was du hast! Verkaufe dein Haus, dein Auto, alles, was du hast – und überweise das Geld an ein christliches Werk!« – Was würden Sie antworten?

Wir klammern uns fest

Der junge Mann antwortet gar nichts. Er wird einfach nur traurig – und geht weg. Der Grund ist klar: Das kann er nicht. Alles, was er hat, hergeben – das kann er nicht. Das will er auch gar nicht. Und das tut er nicht – auch nicht, wenn es Jesus sagt. So erreicht er aber auch das ewige Leben nicht. So wird ihm sein Besitz zum Fluch.

Da sehen wir die tragische Seite des Besitzes: Wir klammern uns an ihn. Wir klammern uns an das, was wir haben. Wir meinen, das können wir auf keinen Fall hergeben. Daran hängt doch unser Leben. Daran hängt unser Herz. Das geht nicht. Wir vergessen dabei wie der junge Mann: Gott ist es doch, der uns alles gegeben hat. Aber wir machen die Gabe zum Götzen. Das, was uns Gott gibt, wird uns lieber als Gott selber. »Woran du dein Herz hängst, das ist dein Gott«, hat Martin Luther gesagt. Wer also sein Herz an seinen Besitz hängt, der macht seinen Besitz zum Götzen.

Jetzt fesselt mich mein Besitz. Jetzt wird er zur Schlinge, die sich um meinen Hals zieht. Jetzt wird er mir zum Verhängnis. Mein Besitz kann zum Fluch werden. Meine Hand ist gebunden. Ich halte fest, ich kralle fest, was ich habe. Ich lasse es nicht los, um keinen Preis lasse ich los und gebe etwas her. Aber dadurch ist meine Hand gefangen, nicht mehr frei, etwas anzunehmen, etwas zu empfangen. Ich bin nicht mehr in der Lage, etwas geschenkt zu bekommen. Und ich bin schon gar nicht mehr imstande, jemandem die Hand zu reichen.

Showdown ohne Happy End

Vielleicht kennen Sie jene Szene aus einem alten Western. Es muss einer der Karl-May-Klassiker sein. Ich erzähle aus meiner Erinnerung. Ich habe da eine eindrückliche Szene kurz vor Ende des Films vor Augen, den großen Showdown.

Wie in jedem Karl-May-Film gibt es die Guten um Winnetou und Old Shatterhand, und es gibt den Bösewicht, meist in Schwarz gekleidet, den Anführer einer Bande von Gangstern. So auch in diesem Film. Der Bösewicht macht Jagd auf einen alten versteckten Indianerschatz. Und am Ende, nach einigen Turbulenzen und Abenteuern, findet er tatsächlich das Versteck. Es ist tief im Inneren einer Höhle. Er betritt die Schatzkammer. So lange hat er diesen Schatz gesucht, getrieben von einer unbändigen Gier nach Reichtum. Jetzt ist er am Ziel. Er steht vor all dem Gold, alten Edelsteinen, den Diamanten, Gefäßen und Skulpturen – all das ist unglaublich viel wert. Aber gerade als er das Gold fest in die Hand nimmt, da bricht die Höhle in sich zusammen. So haben die Indianer ihren Schatz geschützt, eine grandiose allerletzte Schutzmaßnahme gegen den Diebstahl durch Unwürdige. Der gierige Bösewicht müsste jetzt nur den Schatz loslassen und aus der Höhle fliehen, dann käme er vielleicht noch mit dem Leben davon. Aber er krallt sich an dem Gold fest und wird mitsamt dem Schatz verschüttet.

Die drei Geschwister: Reichtum, Gier und Geiz

Ob ich die Szene filmgetreu wiedergegeben habe, kann ich nicht mehr genau sagen, aber eines will ich damit ausdrücken: Genau so kann uns unser Besitz zum Fluch werden. Reichtum und Gier und Geiz – die drei sind Geschwister. Sie ziehen sich gegenseitig an. Und wir beginnen uns an den Besitz zu klammern. Wir krallen uns fest. So haben wir aber keine Hand mehr frei, die wir Jesus reichen könnten. Wir haben keine Hand mehr frei, um das Leben zu empfangen.

Auch der reiche Mann aus unserer Geschichte schlägt die Hand von Jesus aus. Er geht weg und klammert sich an seinen Besitz. Verständlich, aber tragisch. So wird er nicht zu Gott kommen. Umso wichtiger, dass wir es hören: Das ist die große Gefahr für alle, die etwas besitzen. Deshalb sagt Jesus sein berühmtes Kamel-Wort: *»Eher geht ein Kamel durch ein Nadelöhr, als dass ein Reicher ins Reich Gottes kommt.«*

Ein schwäbisches Ehepaar ist auf einer Bergtour in den Alpen. Plötzlich rutschen beide aus und landen in einer Gletscherspalte. Die Hilferufe des Paares vernimmt ein Einheimischer, der sofort Hilfe holt. Nach einer Weile hören die Schwaben in der Gletscherspalte eine Stimme von oben: »Hallo! Hier ist das Rote Kreuz!« – Darauf der Schwabe: »Mir gäbet nix!«

Mein Besitz ist meine Aufgabe

Gottes Gabe ist immer auch Aufgabe. Besitz verpflichtet. Das Volk Israel hat daher immer den Zehnten gegeben. Das hat Gott so angeordnet. Zehn Prozent ihres Einkommens haben die Israeliten an den Tempel abgeführt. »Gebt den Zehnten«, sagt Gott, »und es wird euch zum Segen sein.« Dahinter steckt die Grundüberzeugung: Wenn wir alles, was wir haben, von Gott bekommen haben, dann können wir das doch auch weitergeben. Wir können es verschenken. Ganz bestimmt wird uns Gott Neues schenken. Zumindest können wir mit andern teilen. Letztlich haben wir doch alles nur geliehen.

Aber wie sehr klammern wir uns an unsere Bauplätze, an die Waldstücke, an die Bankkonten und Euros, als ob sie ewig uns gehörten. All das nicht zu verschwenden, das ist eine Sache. Aber alles zu horten und anzuhäufen, nicht zu teilen, nicht zu spenden – das ist gegen Gottes Willen. Denn mein Besitz ist meine Aufgabe.

Überlegen Sie einmal für sich persönlich:

Welche Gabe haben Sie, die Sie einbringen können?
Was besitzen Sie, was Sie verschenken könnten?
Was hat Ihnen Gott gegeben, das Sie weitergeben könnten?

_____

_____

_____

Teilen und Schenken – das heißt Segen weitergeben. Wer es wagt, erlebt etwas Geheimnisvolles: Spenden macht reich. Schenken vermehrt das Vermögen. Denn auf Teilen ruht Segen. Das hat Gott verheißen: »Prüft mich hierin«, sagt er. Es kommt nur darauf an, dass wir es tun. Und: Wer etwas verschenkt, handelt nicht nur besser, sondern fühlt sich auch so.

> Wirklich reich ist, wer weiß, dass Gott ihn versorgt.

Wirklich reich ist, wer weiß, dass Gott ihn versorgt. Ganz bestimmt ist es kein Zufall, wenn ich Ihnen nun noch von Sabine Ball erzähle, jener Ex-Millionärin, die als »Mutter Teresa von Dresden« bekannt wurde. Im Sommer 2009 ist sie im Alter von 83 Jahren überraschend verstorben. Vielleicht haben Sie schon von ihr gehört oder gelesen.

Der amerikanische Traum eines deutschen Mädchens

Sie wollte auch nach oben kommen. Als junges Mädchen reiste sie aus dem Nachkriegsdeutschland in die USA aus, mit ein paar Habseligkeiten und großen Träumen im Gepäck. Und sie schaffte es tatsächlich. Aus dem Kindermädchen wurde tatsächlich eine Millionärin. Der amerikanische Traum eines Mädchens aus Königsberg wurde Wirklichkeit. Sie hatte alles, was das Herz begehrt – sogar einen Ring im Wert eines neuen Mercedes. Eines Tages begegnete sie dann – wie der junge Mann in der Geschichte – Jesus. Nach manchen Höhen und Tiefen kam sie zum Glauben an ihn. Dabei entdeckte sie für sich: »Es ist Gott, der mir alles gegeben hat. Und es ist Jesus, der mir allein meine Schuld vergibt. Der liebt mich so sehr, dass er am Kreuz für mich gestorben ist.« Dass Jesus tatsächlich alles für sie gegeben hatte, dass er sogar sein Leben für sie gegeben hatte – das ging ihr so zu Herzen, dass sie niederkniete und sagte: »Herr Jesus Christus, nimm mein Leben ganz in deine Hand.«

Segen vermehrt sich nur, wenn wir ihn weitergeben.

So wurde sie Christin. So begann ihr Leben im Vertrauen auf Gott. Und einige Jahre später wagte sie dann nochmals einen großen Schritt: All ihren Besitz spendete sie. Ihr ganzes Leben stellte sie in den Dienst für Menschen in Not. Ganz anders als der junge Mann damals in Israel. Sie selbst besaß so gut wie nichts mehr. Mit allem, was sie war und hatte, setzte sie sich für Straßenkinder und Jugendliche in Dresden ein. – Mein Besitz ist meine Aufgabe. Sabine Ball erkannte diese Aufgabe und nahm sie an. Und Gott segnete diesen Schritt.

Nicht alle von uns werden diesen Weg so radikal gehen. Aber wir alle sind reich beschenkt. Unser Besitz ist ein Segen. Und Segen vermehrt sich nur, wenn wir ihn weitergeben. – Noch etwas, bedenken Sie: Kein Porsche dieser Welt wird eines

Morgens an Ihrem Bett stehen und sagen: »Papa, ich hab dich lieb.«

Damit sind wir schon fast bei einem noch viel wertvolleren Kapital als unserem Hab und Gut, nämlich unseren Beziehungen. Dazu später mehr. Zunächst aber noch ein paar Gedanken zum Geheimnis des Dankens.

Vom Geheimnis des Dankens

»Wie sagt man?« So fragen wir ein Kind, wenn es ein Geschenk bekommen hat. Omas und Tanten stehen erwartungsvoll im Halbkreis. Alle Augen starren auf das Kind. Jetzt geht es um alles; es ist die Probe aufs Exempel, der Testfall für die gute Erziehung. Wehe, wenn das Kind jetzt schweigt. Oder einfach davonrennt. Oder – was eigentlich am natürlichsten wäre – völlig eingeschüchtert im Boden versinkt! Dabei geht es nur um fünf Buchstaben. Ein einziges Wort kann die Lage retten. Nur ein Wort, und alle Omas und Tanten sind entzückt. Unbeschreibliche Heiterkeit, wenn das Kleine dann doch verschämt und gesenkten Blickes das Zauberwort flüstert: »Danke.«

Nein, darum geht es hier nicht, um den Dank aus reiner Höflichkeit. Schon gar nicht um das Danken als Floskel oder Pflichtübung. Es geht um ein ganz anderes, um das echte Danken. Um das »Danke« aus purer Freude, das einfach hervorbricht und nicht zu halten ist. Um jenes »Danke« aus Begeisterung über ein Wahnsinnsgeschenk. Es geht um das »Danke« aus freien Stücken, einfach weil einem das Herz danach ist. Denn eines ist sicher: Danken ist Herzenssache.

> Kein Porsche dieser Welt wird eines Morgens an Ihrem Bett stehen und sagen: »Papa, ich hab dich lieb.«

»DANKE!« – Gott schenkt uns die Welt

Große Ziele wollen wir erreichen: das eigene Auto, das eigene Haus, das sichere Alter. Weil wir so viel erreichen wollen, arbeiten wir jeden Tag: Wir knechten für die Karre. Wir schuften für den Schuppen. Wir rackern für die Rente. Unser ganzes Leben hecheln wir unseren selbstgesteckten Zielen hinterher.

> Wir knechten für die Karre.
> Wir schuften für den Schuppen.
> Wir rackern für die Rente.

Natürlich, Arbeiten ist nichts Schlechtes. Auch viel zu arbeiten ist nichts Böses – aber Arbeiten ist nicht alles. Denn das Entscheidende können wir uns nicht erarbeiten. Das Entscheidende wird uns geschenkt: unsere Gesundheit, unser Glück, unser Leben. Wir können es nur empfangen, mit offenen Händen annehmen – und »Danke« sagen.

Nein, das heißt nicht: Wir legen die Hände in den Schoß. Sicher nicht! Wir arbeiten und geben uns alle Mühe. Aber dabei geben wir zu: Wir haben unser Leben nicht selbst in der Hand. Genau deshalb falten wir unsere Hände und sagen: »Danke, Vater im Himmel, für alles, was du schenkst.«

Alles, was wir sind und haben, hat uns Gott geschenkt. Eigentlich eine ganz einfache Einsicht. Aber sie ist grundlegend: Gott hat uns das Leben geschenkt. Er hat uns geschaffen. Wir haben uns nicht selbst auf die Welt gebracht. Und wir bringen es auch zu nichts in der Welt, wenn Gott es uns nicht schenkt.

Gott schenkt uns die Welt. Dieser Gedanke führt zum Danken. Denn keiner kann sich das Leben selber geben. Keiner kann es auch nur um einen Tag verlängern. Deshalb: Wer nur einmal genau nachdenkt, dankt Gott. Wer bewusst lebt, lobt Gott. Als Geschöpfe schulden wir dem Schöpfer diesen Dank. Wer das begreift, der steht auf und jubelt: »Danke, mein Gott: Du schenkst mir die Welt.«

Machen Sie einmal Ihre persönliche Dankesliste. Überlegen Sie einmal: Wofür können Sie dankbar sein? – Halten Sie das fest! Ich bin mir sicher, Sie können mehr notieren, als auf die folgenden Linien passt.

Dafür bin ich dankbar:

_____

_____

_____

_____

_____

_____

_____

_____

_____

_____

_____

Aber Gott schenkt uns noch mehr.

»DANKE!« – Gott schenkt uns den Himmel

Ein noch größeres Ziel sollen wir erreichen. Mehr als alles, was wir auf dieser Welt überhaupt erreichen können. Gott selbst steckt uns dieses Ziel: Er will uns den Himmel schenken. Nein, nicht den Himmel auf Erden, nicht einen Himmel voller Geigen, nicht den siebten Himmel. – Himmel, das heißt vielmehr, ganz bei Gott zu sein. Ja, das soll es wirklich geben: vollkommene Gemeinschaft mit Gott – und zwar geschenkt!

Natürlich ist das nicht. Im Gegenteil: Von Natur aus sind wir alles andere als himmlische Wesen. Wir lügen und betrügen. Wir unterschlagen Steuern und übertreffen uns gegenseitig in Egoismus und Eitelkeit. Wir beneiden uns, zerstreiten uns und geizen trotz unseres Reichtums. Kurz: Wir sind weit weg von Gott.

Neid, Streit, Geiz – das alles sind Spielarten der Undankbarkeit. Undank, das ist nicht nur der Welt Lohn. Undank ist unsere Art, besser gesagt: unsere Unart. Genau das nennt die Bibel auch Sünde. Nichts da mit Himmel auf Erden; auf der Erde ist der Teufel los. Die Hölle wäre unsere einzige Aussicht, wenn da nicht noch Jesus wäre! Am Kreuz hat er den Undank der Welt am eigenen Leib erfahren und ist gestorben. Aber nach drei Tagen ist er auferstanden. Das bezeugen zumindest die Menschen, die das Neue Testament geschrieben haben. Jesus hat den Lohn angenommen, den wir verdient haben: den Lohn der Welt, den mörderischen Undank. An unserer Stelle ist er gestorben. Deshalb dürfen wir auch mit ihm leben. Erst so ist Gemeinschaft mit Gott wieder möglich. Der Himmel ist möglich! – Was könnten wir anderes tun, als Herz und Hände aufzuhalten und es anzunehmen, dieses Geschenk des Himmels?

Gott schenkt uns den Himmel. Dieser Gedanke führt zum Danken. Denn keiner kann sich das ewige Leben selber geben. Keiner kann sich auch nur einen Tag im Himmel verdienen. Deshalb: Wer nur einmal auf Jesus Christus sieht, der dankt Gott. Als Erlöste schulden wir dem Erlöser diesen Dank. Wer ihn als seinen Retter ergreift, der fällt auf die Knie und betet aus vollem Herzen: »Danke, mein Gott: Du schenkst mir den Himmel.«

Aber dieses Geschenk behalten wir nicht für uns.

»DANKE!« – Ich verschenke mich

Das größte Ziel unseres Lebens ist erreicht, wenn wir nur einmal von ganzem Herzen »Danke!« sagen. Genau das heißt Glauben:

Gott für seine Geschenke zu danken. Dieser Dank ist mehr als ein Wort. Danken ist eine Lebensart: Es ist die neue Art, als Beschenkter oder Beschenkte zu leben. Danken ist eine Lebenseinstellung: nicht die Faust zu ballen, sondern die Hände zu öffnen, um Gottes Segen zu empfangen. Danken ist ein Lebensstil: Es ist der Stil von Beschenkten, die weiterschenken, was sie täglich neu geschenkt bekommen. Danken heißt: Leben mit Stil.

Dankbarkeit und Großzügigkeit sind Geschwister, aber das hatten wir ja schon: Gier und Geiz ebenso. Es bleibt ein Geheimnis: Wer sich ans Geld und Gut verkauft, findet nie zu sich selbst. Aber wer sein Leben dankbar empfängt, kann sich selbst verschenken, ohne sich zu verlieren.

Platz für ein persönliches Dankgebet

Wenn Sie mögen, dann halten Sie doch jetzt einen Moment inne und sprechen Sie ein Gebet. Danken Sie Gott für seine guten Gaben!

Damit Sie später wieder vor Augen haben, wofür Sie Gott von Herzen dankbar sind, ist hier Platz für ein persönliches Dankgebet:

_____

_____

_____

_____

_____

_____

_____

Die James-Bond-SMS zwischendurch:

Die Welt ist nicht genug

Sein Name ist Bond. James Bond.
007 bringt uns eine Message zum Leben.
Zum Beispiel: »Die Welt ist nicht genug.«

So hieß der Bond-Film aus dem Jahr 1999.
Pierce Brosnan ist James Bond in:
»The World Is Not Enough« – »Die Welt ist nicht genug«

Und das ist doch wirklich so:
Die Welt ist vielen nicht genug – Ihnen etwa?

Ein Auto. Ein Job. Vielleicht ein Haus und eine Familie.
Das kann doch nicht alles sein.
Es muss doch noch mehr geben.
Mehr als diese Welt zu bieten hat!
Die Welt ist nicht genug.

Ganz tief in uns steckt sie,
die Sehnsucht nach mehr,
die Sehnsucht nach dem Himmel.

Einer hat ihn uns gebracht, den Himmel.
Und dieser Eine bringt uns auch hin, in den Himmel.

Wer dieser Eine ist?

Sein Name ist Christus. Jesus Christus.

Du versorgst mich jeden Tag

Du versorgst mich jeden Tag.
Du behütest vor Gefahren.
Du bist gut und hilfst mir auf.
Du bist da, um zu bewahren.

Ich schulde dir meinen Dank.
Ich will dich loben.
Denn du gibst mir das Leben.
Und durch dich leb ich gern.

Du gibst alles, was ich brauche.
Du gibst alles, was ich bin.
Kleider, Schuh und alle Güter,
Leib und Seele und den Sinn.

Ich schulde dir meinen Dank.
Ich will dich loben.
Denn du gibst mir das Leben.
Und durch dich leb ich gern.

Du bist der Schöpfer der Freude.
Du bist der Vater des Glücks.
Du bist der Herr meines Lebens.
Du bist alles für mich.

Ich schulde dir meinen Dank.
Ich will dich loben.
Denn du gibst mir das Leben.
Und durch dich leb ich gern.

Text: Steffen Kern
Melodie: Matthias Hanßmann
© cap-music, 72 221 Haiterbach-Beihingen

Das halte ich für mich fest

Ihr persönliches Fazit nach diesem Kapitel

Das will ich mir merken

Halten Sie hier fest, was Ihnen beim Lesen dieses Kapitels wichtig geworden ist: einen Gedanken, einen Satz, eine Idee, einen Impuls.

_____

_____

_____

_____

_____

Diese Konsequenz ziehe ich für mich

Halten Sie hier fest, welche Schlüsse Sie aus Ihrer Erkenntnis ziehen, was Sie tun wollen, was Sie von nun an anders oder was Sie bewusster tun wollen.

_____

_____

_____

_____

_____

3 Entdecken Sie Ihre Berufung

Leitfragen:
- Wie finden Sie Ihren Weg?
- Woher kommen Sie und wohin wollen Sie?
- Was ist Gottes Wille für Ihr Leben?
- Welche Tätigkeit erfüllt Sie?

Darf ich Ihnen eine Familie vorstellen? Es ist eine ganz normale Familie aus Deutschland. Namen, Personen und Situation sind frei erfunden. Aber wenn sich Ähnlichkeiten zum echten Leben ergeben, dann ist das kein Zufall. Denn was Familie Luther erlebt – das ist einfach das Leben.

Ausbildung abgebrochen

Beginnen wir mal mit der 17-jährigen Tochter. Lena heißt sie, Lena Luther. Sie ist seit fast einem Jahr mit der Schule fertig. In diesem Jahr hat sie eine Ausbildung begonnen. Als Bankkauffrau. War gar nicht so einfach, diese Stelle zu kriegen. Aber vor ein paar Tagen hat sie die Lehre abgebrochen und den Job geschmissen. Hat ihr keinen Spaß gemacht. Hat sie nicht angesprochen. Hat sie einfach nicht ausgefüllt. Sie hat keine Perspektiven gesehen. Also hat sie den Job geschmissen. *Was* sie will, weiß sie nicht. Nur dass sie Bankkauffrau *nicht* will – das weiß sie. Was soll sie werden? Was ist ihr Weg? Was ist ihre Berufung? – Die Berufswahl ist gerade eine der entscheidendsten Fragen ihres Lebens.

Jeden Tag geht es um alles

Seit sie ihre Ausbildung geschmissen hat, hängt der Haussegen schief. Da sind wir auch schon bei den Eltern. Beide Mitte 40. –

Er, Lothar, der Vater und Ehemann, steht voll im Leben. Klar, er ist in den besten Jahren. Er ist voll gefordert. Er ist gefragt. Sein Chef setzt auf ihn. Ohne ihn geht nichts in der Abteilung. Er hat Verantwortung, mittleres Management. Und er hat Perspektiven. Der Sprung in die Chefetage ist möglich für ihn. Aber er muss sich ranhalten. Er steht unter Strom. Er muss ackern und rackern. Er muss alles geben und noch ein bisschen mehr. Er weiß, jetzt kommt's drauf an. Entweder er schafft es weiter nach oben, oder er wird nach unten durchgereicht. Ein mäßiges Mittelmaß gibt es nicht. Es geht eben jeden Tag um alles, darum geht er jeden Tag aufs Ganze. Das fordert. Aber eins scheint klar: Die Berufsfrage ist für Vater Lothar Luther bis auf Weiteres geklärt.

Na ja, eine Überlegung wäre da noch, wie er als Christ verantwortlich im Beruf lebt. Das ist nicht immer ganz einfach. Bei der Aufstellung der Bilanzen zum Beispiel. Oder im Umgang mit den Kollegen, vor allem bei seinen eigenen Mitarbeitern – da ist er manchmal ganz schön hart. Er fordert viel. Er gibt den Druck weiter, den er selbst von oben spürt. Vielleicht ist er manchmal sogar gnadenlos, ein bisschen zumindest ... aber was soll's: die Firma ist ja schließlich kein Hilfsverein.

Ab jetzt »nur noch« Hausfrau?

Dann ist da die Frau. Nennen wir sie Lydia, Lydia Luther. Sie weiß nicht so recht wohin. Drei Kinder hat sie großgezogen. Außer Lena auch noch Lukas – der studiert schon – und Luise – die macht gerade das Abi. Für die Kinder hat sie ihre Karriere aufgegeben. Es war ihr wichtig, für sie da zu sein. Sie war Mutter aus Leidenschaft. Und sie hat die Entscheidung auch nie bereut. Hausfrau, Familienfrau – das war ihr wirklich nicht zu wenig. Aber jetzt, jetzt sind die Kinder aus dem Gröbsten raus, jetzt hat sie eigentlich mehr Zeit, jetzt sucht sie auch wieder etwas – aber *was* sie sucht, weiß sie nicht so genau.

Wie geht's jetzt weiter? Nur noch Ehrenamt? In der Gemeinde gibt's ja viel zu tun, aber soll das alles sein? Oder irgendein Nebenjob? Aber was? Oder doch noch mal in einen Beruf einsteigen? – Fürs Altenteil ist sie zu jung, aber zugleich ist sie zu alt für einen wirklich verheißungsvollen Beruf. Mutter Lydia steckt voll in der Midlife-Crisis. Was ist jetzt ihre Berufung?

Rüstig und rege, aber nicht mehr rentabel

Ach ja, und dann ist da ja noch Onkel Ludwig. Er wohnt bei Luthers im Haus. Er ist gerade 60 geworden. Den Geburtstag hat er groß gefeiert. Von seiner Firma hat er einen großen Blumenstrauß und eine Urkunde bekommen. Zwei Wochen später dann den Bescheid zur Kurzarbeit. Bald darauf hat ihm sein Chef die Rente nahegelegt. – Mensch, Ludwig ist noch fit. Rüstig und rege, doch nicht mehr rentabel für die Firma! Aber jetzt nur noch Rentner? Hat er trotzdem noch einen Beruf? Oder hat er einfach ausgedient?

Jetzt haben wir sie alle vor Augen, die Familie Luther: Die Tochter Lena, die Eltern Lothar und Lydia und Onkel Ludwig. Nur, wie es weitergehen soll – das weiß keiner von ihnen. All ihre Fragen drehen sich um *ein* Thema: Um ihren Beruf, mehr noch: um ihre Berufung. Was ist dran für sie? Was sollen sie tun – und was sollen sie lassen? Wär doch schön, wenn ihnen das jemand zurufen würde. Aber so einfach ist das ja nicht … obwohl … mit Rufen und mit Hören hat die Sache mit der Berufung schon zu tun. Bevor ich Ihnen dazu aber eine Geschichte erzähle, lade ich Sie ein zu einem kleinen Berufungs-Test.

Ein kleiner persönlicher Berufungs-Test für Sie

1) Stehen Sie morgens gerne auf und gehen Sie fröhlich an Ihre Arbeit?

___ meistens ___ in der Regel ___ selten ___ so gut wie nie

2) Welche Stärken können Sie in Ihre Arbeit einbringen?

_____

3) Welche Gaben, Talente und Fähigkeiten bleiben ungenutzt?

_____

4) Was überwiegt in der Regel am Abend eines normalen Arbeitstages?

___ Erfüllung und Freude ___ Zufriedenheit ___ Dankbarkeit ___ Stolz ___ Niedergeschlagenheit ___ Müdigkeit ___ Stress ___ Angst vor dem nächsten Morgen

5) Fühlen Sie sich überfordert oder unterfordert?

_____

6) Worauf freuen Sie sich mehr: auf die Pausen oder auf die Arbeit?

_____

7) Entwickeln Sie sich weiter durch Ihre Arbeit – oder bleiben Sie auf Ihrem alten Level?

_____

8) Was haben Sie zum Beispiel in den letzten sechs Wochen gelernt, oder welche positive Erfahrung haben Sie gemacht?

_____

_____

9) Wie stehen Sie zu Ihren Kollegen: Arbeiten Sie gern mit ihnen zusammen oder gehen Sie ihnen am liebsten aus dem Weg?

_____

_____

10) Was empfinden Sie, wenn Sie am Sonntagnachmittag bei einem Ausflug mit Freunden ausgerechnet Ihrem Chef begegnen?

_____

_____

11) Wenn Sie nochmals ganz von vorn anfangen könnten, – die Schule, die Ausbildung, die Wahl Ihres Arbeitsplatzes, Ihre Entscheidung für die Familienarbeit… – was würden Sie anders machen und wo würden Sie genau gleich entscheiden?

_____

_____

12) Welche Fehler haben Sie in Ihrer Laufbahn gemacht und warum?

_____

_____

13) Welches Ziel verfolgen Sie mit Ihrer Arbeit?

_____

_____

14) Welchen Sinn hat Ihre Tätigkeit?

_____

_____

15) Eine ganz schlichte, aber wichtige Frage zum Schluss: Macht Ihnen Ihre Arbeit eigentlich Spaß?

_____

_____

Wer aufhört zu wachsen, der stirbt.

Antoine de Saint-Exupéry

Eine Berufungsgeschichte

Es gibt eine Geschichte, die weiterhilft. Auf den ersten Blick hat sie gar nichts mit Familie Luther zu tun. Aber wenn man sie mit offenen Augen liest, dann doch. Es ist eine Berufungsgeschichte. Sie steht in Lukas 5,1-11.

Als Jesus eines Tages am See Genezareth predigte, drängten sich viele Menschen um ihn, die alle das Wort Gottes hören wollten. Er bemerkte zwei leere Boote am Ufer. Die Fischer hatten sie liegen lassen und reinigten gerade ihre Netze. Jesus stieg in eines der Boote und bat den Besitzer des Boots, Simon, vom Ufer abzustoßen. Dann lehrte er die Menge vom Boot aus. Als er mit seiner Predigt fertig war, sagte er zu Simon: »Nun fahr weiter hinaus und wirf dort deine Netze aus, dann wirst du viele Fische fangen.« »Meister«, entgegnete Simon, »wir haben die ganze letzte Nacht hart gearbeitet und gar nichts gefangen. Aber wenn du es sagst, werde ich es noch einmal versuchen.« Diesmal waren ihre Netze so voll, dass sie zu reißen begannen!

Sie riefen nach ihren Gefährten in dem anderen Boot, und bald darauf waren beide Boote so voller Fische, dass sie unterzugehen drohten. Als Simon Petrus begriff, was da geschehen war, fiel er vor Jesus auf die Knie und sagte: »Herr, kümmere dich nicht weiter um mich – ich bin ein zu großer Sünder, um bei dir zu sein.« Denn beim Anblick des überreichen Fangs hatte ihn Ehrfurcht erfasst, und den anderen ging es genauso. Auch Jakobus und Johannes, die Söhne des Zebedäus, waren voller Staunen. Jesus sagte zu Simon: »Hab keine Angst! Von jetzt an wirst du Menschen fischen!« Und sobald sie am Ufer angelegt hatten, ließen sie alles zurück und folgten Jesus nach.

Entdecken Sie Ihre Berufung!

Das ist eine Berufungsgeschichte mit zwei Berufungen. Simon ist Fischer. Das ist sein Beruf. Nichts Ungewöhnliches am See Genezareth. Er geht seiner Arbeit nach. Er macht seinen Job, mal mehr, mal weniger erfolgreich. Was er tut, das geschieht unter den Augen von Jesus. Gerade als er die Netze wäscht, kommt Jesus daher, sieht die Boote da liegen und spricht ihn an. Simon ist gefrustet, weil er die ganze Nacht nichts gefangen hat, und wahrscheinlich etwas genervt, als Jesus ihn anspricht und unterbricht.

Er soll das Boot etwas hinausfahren. Jesus setzt sich hinein, predigt von dem Boot aus, und als er fertig ist, spricht er Simon ein zweites Mal an. Wieder beginnt nicht Simon das Gespräch, sondern Jesus. Und dieses Mal sagt Jesus etwas wirklich Unsinniges. Simon soll nochmals die Netze auswerfen. Jetzt gleich. Bei Tag. Das zeigt, mag Simon denken, dass der Zimmermannssohn aus dem Bergland von Nazareth vom Fischen keine Ahnung hat. Bei Nacht macht man die großen Fänge; bei Tag hat das ganze Fischen keinen Sinn. Das weiß am See jedes Kind. Bei Tag fischen ist einfach unprofessionell.

Es ist erstaunlich, wie Simon reagiert. Er weist Jesus zwar dezent darauf hin, dass er es nicht für eine gute Idee hält, aber dennoch tut er, was Jesus sagt. Zitat Simon: »Aber wenn du es sagst, werde ich es noch einmal versuchen.«

Nichts Spektakuläres – und dennoch berufen

Das ist die erste Berufung. Simon tut, was er immer tut – auf das Wort von Jesus hin.

Simon geht fischen. Nichts Spektakuläres. Nichts Großartiges oder Wundersames. Nur – sagen wir mal – nicht gerade vielversprechend, bei Tag... Aber ansonsten völlig normal. Ein Fischer geht fischen. Das Besondere dabei: Er tut es auf das Wort von Jesus hin. Er tut es hier als Berufener. Er übt seinen Beruf als Berufener aus.

Jetzt haben wir einen ganz entscheidenden Punkt: Wir sind zu unserer Arbeit berufen. Nicht nur zur geistlichen – also als Pfarrer, als sozial Engagierte, als ehrenamtliche Mitarbeiter in der Gemeinde usw. –, nein, auch zur weltlichen Arbeit sind wir berufen. Das ist eine ganz tiefe biblische Einsicht. Was wir tun, hat eine Würde. Wir wursteln nicht einfach vor uns hin. Was auch immer wir tun, als Handwerker, als Ingenieur, als Sekretärin, als Kauffrau oder als Hausfrau, Broterwerb oder Kinderziehung, Fulltime-Job oder Ehrenamt – wir sind zu unserer Arbeit berufen.

Neu entdeckt wurde diese Würde von Martin Luther. Nur deshalb haben wir übrigens das Wort Beruf im Deutschen. In keiner anderen Sprache gibt es diesen Begriff in dieser Form. Wir reden nicht nur von Arbeit oder Tätigkeit, von Geschäft, von Anstellung oder Beschäftigung, nein, wir reden vom Beruf.

Mehr als ein Job

Und das meint wirklich das, wozu wir berufen sind. Die Tätigkeit, in die uns Gott stellt. Erst in den letzten Jahrzehnten verstehen wir unter Beruf eine spezielle Tätigkeit mit spezieller Ausbildung. Aber: Mein Beruf – das ist mehr als mein Job. Beruf ist mehr als Arbeit, als eine Anstellung, eine Beschäftigung. Mein Beruf – das meint *alles, was ich tue und lasse.* Also gerade auch Hausfrauen und -männer, gerade auch Rentner und Arbeitslose, Schüler und Ehrenamtliche sind angesprochen.

Die große Frage ist daher: *Tun wir, was wir tun und was wir lassen, als Berufene?*

Ohne Berufung geht's schief. Das hat Simon erlebt. Ohne Berufung läuft nichts. Keinen Fisch hat er gefangen. Ohne Berufung mögen wir ackern und rackern wie die Wilden – unser ganzer Stress ist umsonst.

Was bringt das jetzt unserer Familie Luther? Zunächst einmal gilt jedem Einzelnen diese Frage: Handelt Tochter Lena als Berufene? Was ist die Berufung von Vater Lothar? Welche Berufung hat Mutter Lydia und welche Onkel Ludwig? Das ist die entscheidende Frage. Offen bleibt nur noch: Wie erfahren sie die Antwort? Gottes Berufung für mein Leben – gibt es die überhaupt und wie erkenne ich sie?

Still werden und hören

Simon ist Jesus begegnet. Und der hat ihm gesagt, was er tun soll. Uns begegnet Jesus nicht beim Netzewaschen oder beim Autoputzen wie damals. Aber ich bin überzeugt davon: Jesus begegnet auch uns – nur anders. Gott redet auch zu uns. Wer Sie auch sind und was Sie auch tun – Sie haben eine Berufung!

Welche das ist, das erfahren Sie nur, wenn Sie still werden und hören. Wer nicht still wird, hört nicht. Wer nicht hört, bleibt ohne Berufung. Wer ohne Berufung arbeitet, bleibt ohne Orientierung.

Vier Leitfragen

Still werden, um Gott reden zu hören! Für die 17-jährige Lena kann das bedeuten, sich bewusst einige Leitfragen zu stellen. Diese Leitfragen helfen bei der Berufswahl. Auch ihrer Mutter Lydia können sie helfen bei der Suche nach einer neuen Aufgabe. Bitte stellen Sie sich einmal selbst diese Leitfragen:

1) Was kann ich?

Das ist die Frage nach Ihren Begabungen und Fähigkeiten. Darüber habe ich in den ersten beiden Kapiteln schon geschrieben. Bedenken Sie das nochmals im Blick auf Ihre Berufung.

_____

_____

_____

_____

_____

2) Was will ich?

Das ist die Frage nach Ihren Wünschen und Neigungen. Hier spielt auch die Lust eine Rolle, was Ihnen Laune macht, wobei Sie Spaß haben. Einfach das, was Sie gerne tun. Machen Sie sich das bewusst – das ist nichts Nebensächliches, sondern hat Bedeutung.

_____

_____

_____

_____

3) Was muss ich?

Das ist die Frage nach Ihren Verpflichtungen. Wir alle stehen in Zwängen. Viele Entscheidungen können wir gar nicht frei treffen. Es gibt unterschiedlichste Arten der Verpflichtung. Machen Sie sich Ihre bewusst.

_____

_____

_____

_____

_____

4) Was soll ich?

Das ist die Frage nach Erwartungen an mich. Es gibt eine Fülle von Erwartungen, denen wir ausgesetzt sind. Andere stellen sie an uns, aber auch wir selbst. Was erwarten meine Eltern von mir, meine Frau, mein Mann, meine Freunde, meine Kinder, was erwarte ich selbst von mir? Lernen Sie Erwartungen von Verpflichtungen zu unterscheiden und prüfen Sie: Welche Erwartungen wollen Sie wirklich erfüllen und welche nicht? Nehmen Sie sich die Freiheit, die Sie brauchen.

_____

_____

_____

_____

_____

Wägen Sie diese Fragen gründlich ab. Und vor allem: Machen Sie diese Fragen zum Gebet! Schreiben Sie sie auf ein großes Blatt. Bewegen Sie sie! Diese Fragen drehen und wenden, treiben und reiben, darüber nachdenken, ihnen nachspüren, verschiedene Optionen und Möglichkeiten durchspielen, im Kopf, im Bauch: »Wie fühle ich mich bei diesem Gedanken?« – Und all das immer wieder vor Gott bringen. Mit diesen Leitfragen die Bibel lesen. Psalmen, aber auch Erzählungen und Geschichten wie diese.

Klarheit reift nach und nach

Dabei eröffnet sich eine neue Dimension. Die Fragen stehen plötzlich in einem anderen Licht. Zur Frage »Was kann ich?« tritt die Frage: »Was kann Gott?« Zur Frage »Was will ich?« tritt mit einem Mal die Frage: »Was will Gott?« Zu meinen Verpflichtungen und zu den Erwartungen, die andere an mich haben, tritt das Evangelium, das mich befreit von allen Zwängen und mich neu in Verantwortung vor Gott und meinen Mitmenschen stellt.

Mit diesen Leitfragen sollten sie zu vertrauten Menschen gehen. Sie offen stellen. Sie mit ihnen durchbuchstabieren. Das Gespräch mit Gott ergänzen durch das mit einem Mitmenschen – das ist der Weg, auf dem eine Berufung reift.

Um es ganz deutlich zu sagen: Wenn Sie dieses Kapitel gelesen und vielleicht die eine oder andere Notiz gemacht haben, werden Sie nicht in punkto Berufung klarsehen. Das kann gar nicht sein. Ihren Weg finden Sie nur mit der Zeit. Klarheit über unsere Berufung muss reifen wie ein Apfel in der Sonne. Eine solche Reifung ist ein Prozess. Bei manchen dauert er länger, bei andern fällt der Groschen auch auf einmal, und dann geht alles ganz schnell. Aber in der Regel entsteht erst nach und nach Klarheit über die Frage der Berufung. Entscheidend ist nur, dass wir uns um diese Klarheit bemühen, still werden und hören, eben nicht einfach losstolpern. Lassen wir uns treiben – oder lassen wir uns rufen? Das ist der Unterschied.

Beginnen Sie, Ihre Berufung zu leben!

Die Berufung *hören*. Das ist das eine. Immer wieder neu eine Herausforderung für den Teenager Lena genauso wie für den älteren Ludwig. Die Berufung *leben*. Das ist das andere. Und das ist ein Wagnis. Simon hat es gewagt. Er handelte gegen das Vernünftige, gegen das, was auf der Hand lag. »Wenn du es sagst …«, hat er gesagt und dann die Netze ausgeworfen. Die Bibel ist voll von Menschen, die es gewagt haben, der Berufung Gottes zu folgen. Angefangen etwa beim alten Vater Abraham, seinem Sohn Isaak, seinem Enkel Jakob und dessen Sohn Josef. Mose und Josua könnten wir anführen, ebenso die Könige David und Salomo und die vielen Propheten, etwa Elia, Jesaja und Jeremia, aber dann auch später die Jünger des Jesus von Nazareth wie Simon und Johannes, außerdem Paulus und bis heute viele andere. Auch Frauen folgen ihrer Berufung, denken wir etwa an Sara, an Rebekka, an Rut, an Hanna, an Maria, die Mutter von Jesus, oder an Maria von Magdala. Ihre Lebensgeschichten sind Glaubensgeschichten und Hoffnungsgeschichten. Uns gilt die Frage: Sind wir wie sie bereit, unsere Berufung zu suchen und zu leben? Sind wir bereit, still zu werden, zu hören und dann mutig loszugehen? Manchmal ist es auch so, dass uns ein Weg klar ist, dass wir ahnen, welcher Weg richtig ist, und durchaus auch innerlich sehen, was Gottes Weg für uns ist – nur, wir wollen ihn nicht gehen, wir zögern, zagen, zaudern und zweifeln, oder wir sind einfach zu bequem.

Simon jedenfalls hört noch eine zweite Berufung. Das ist die eigentliche Berufung. Völlig unerwartet macht Simon einen großen Fang. Er ist beschämt und beugt sich vor Jesus: »Herr, kümmere dich nicht weiter um mich«, sagt er und gesteht: »ich bin ein zu großer Sünder, um bei dir zu sein.«

Simon merkt, dass er vor Jesus nicht bestehen kann. Diese Demut gehört zu einer Berufung dazu. Diese Haltung, dieses Bewusstsein, es nicht allein schaffen zu können, angewiesen zu sein auf einen, der den Weg weist. Solche Leute kann Gott gebrauchen. Solche Leute beruft er. Denn solche Leute sind erst hörbereit.

»Menschenfischer« soll er werden, sagt Jesus. Das stellt sein Leben komplett auf den Kopf. Simon verlässt seine Familie, seinen Fischerberuf und folgt Jesus nach.

Sicher hört nicht jeder und jede eine solche Berufung. Aber auch heute noch gibt es solche Berufungen. Und unsere Welt wäre arm, wenn es nicht Menschen gäbe, die sie hören und die ihnen folgen. Die soziale Arbeit, die Diakonie, die Entwicklungshilfe und die Mission leben davon, dass sich Menschen senden lassen. Die großen Namen der Christenheit, die Namen, vor denen wir Respekt und Achtung haben – sie gehören allesamt zu Menschen, die ihre Berufung gehört haben und ihr gefolgt sind und teilweise noch folgen: Martin Luther, Philipp Jakob Spener, Johann Hinrich Wichern, Christa von Viebahn, Dietrich Bonhoeffer, Mutter Teresa, Sabine Ball – viele, viele andere ließen sich nennen. Aber ich will Sie fragen: Ließe sich nicht auch Ihr Name hier einfügen? Nein, es geht nicht darum, zu einem Prominenten der Christengeschichte zu werden. Es geht darum, seine eigene Berufung zu hören und dieses Wagnis zu leben. Solche Menschen strahlen etwas aus. Durch solche Menschen erleuchtet Gott die Welt.

Gott kann Sie gebrauchen

Das Interessante ist ja: Simon, der Fischer, wird zum Menschenfischer berufen. Das zeigt doch: Gottes Berufung hängt mit unserem Können und unseren Begabungen zusammen. Jesus knüpft an das an, was Simon kann. Er gibt ihm einen neuen Auftrag. Gewiss, ein Handwerker wird zum Predigen und zur Mission berufen. Aber er tut gerade dies als Fischer. Er kann seine Erfahrungen einbringen, seine spezielle Art, seine Geschichte. Es ist nicht so, dass alles, was er bisher gemacht hat, keine Rolle spielt. Wir meinen das manchmal: Wenn wir etwas wirklich Sinnvolles täten, wenn wir auf unsere innere Stimme hörten, wenn wir Gottes Weg folgten, dann würde es unangenehm und unbequem und unfrei. Alles, was wir gerne und mit Lust und Freude tun, müssten wir lassen, um dann nur noch zu beten und fromm und irgendwie weltfremd zu existieren und unser ganzes Leben für irgendetwas oder irgendjemand zu opfern. Aber es ist genau umgekehrt. Wer seine Berufung zu leben beginnt, findet Erfüllung. Erst dann wird ein Mensch wirklich froh und frei und – ja, ich wage das zu sagen – erst dann wird ein Mensch glücklich.

Wer seiner Berufung folgt, wird sein Leben äußerlich vielleicht gar nicht für alle sichtbar ändern; nicht jeder ist zum Pionier berufen. Es kann sein, dass wir unser Leben weiterleben wie bisher – und dennoch leben wir anders, wenn wir als Berufene leben, zufriedener, glücklicher, gesegnet.

Leben unter einem offenen Himmel

Nun versteige ich mich nochmals zu dem gewagten Satz. Aber so, wie ich Gott aus der Bibel kenne, halte ich diese Aussage für gerechtfertigt: Sie haben eine Berufung. Gott hat eine Berufung für Sie. Sie und ich – wir alle sind berufen. Entscheidend ist nur, dass wir sie hören und wahrnehmen. Dabei sage ich keineswegs, Gott habe einen festen Plan für Ihr Leben, den Sie nur noch zu entdecken brauchten. Nein, Sie sind frei dazu, selbst zu entscheiden, wo und wie und mit wem Sie Ihr Leben verbringen. Die Berufung fällt nicht vom Himmel, und doch dürfen Sie Ihr Leben ganz bodenständig mit beiden Beinen auf der Erde unter einem offenen Himmel gestalten. Sie sollen ein Segen sein. Das ist Gottes Wille. Dazu sendet und segnet er seine Menschen, also auch Sie und mich.

Es kann sein, dass die Mutter Lydia sich tatsächlich im Ehrenamt engagiert. Aber sie tut es nicht nur als Notlösung, weil sie nichts Besseres findet, sondern sie erkennt darin ihre Berufung. Dann tut sie, was sie tut, als Berufene. Und ihr Tun füllt sie aus, macht sie glücklich und gibt ihr Sinn.

Es kann sein, dass Vater Lothar tatsächlich an seiner Karriere weiterarbeitet. Aber er tut es nicht aus Profit- oder Machtstreben, sondern als Berufener. Er nimmt Verantwortung wahr. Er übt auch eine Machtposition verantwortlich aus. Er wird dann allerdings die Bilanzen nicht mehr fälschen, auch wenn sein Chef ihn dafür tadeln mag. Dieses Wagnis geht er ein. Dabei vertraut er darauf, dass Gott seine Ehrlichkeit segnet. Und er bemüht sich, zu seinen Mitarbeitern ehrlich zu sein und sie als Mitmenschen zu achten und mit Respekt zu behandeln.

Es kann sein, dass der »alte« Onkel Ludwig tatsächlich in Rente geht. Aber er entdeckt darin seine Berufung und findet einen Platz, wo er gebraucht wird. Etwa bei den Apis, die ein Haus renovieren, denn da sind seine Zeit, seine Kraft, sein Rat und seine Erfahrung gefragt. Nur nebenbei bemerkt: Wir werden in Zukunft mehr solche Senioren brauchen, die sich senden lassen und ihre Berufung zu leben wagen.

Und was wird aus der jungen Lena? – Vielleicht entdeckt sie im Gespräch mit Onkel Ludwig, im Gebet vor Gott und beim Lesen der Bibel noch einmal eine neue Berufung. Statt Bankkauffrau wird sie Krankenschwester, vielleicht auch etwas ganz anderes. In ihrem späteren Dienst werden ihr die Bankkenntnisse sicher nützlich sein.

Nein, wir wollen kein kitschiges Happy End zeichnen. Aber wir halten fest: Wer sich von Gott rufen lässt, wird gesegnet. Das hat Simon erlebt, der später den Namen Petrus bekam. Und das können wir auch erleben. Denn eins ist gewiss, es ist so sicher wie das Amen in der Kirche: Gott steht zu seinen Berufungen.

Liedtext
Nimm mich mit

Refrain: Nimm mich mit,
nimm mich mit in ein neues Leben.
Halt mich fest,
halt mich fest auf dem Weg mit dir!
Tief im Herzen, Jesus,
will ich dir die Ehre geben.
Auf dem Weg der Verheißung
komm, geh mit mir!

Du allein kennst den Weg der Verheißung,
du allein hast ihn durchschritten als Mensch.
Du allein kennst die Höhen und Tiefen,
die unsern Weg begleiten;
Herr, du kennst dich aus!

Du versöhnst die Menschen nach der Verheißung:
»Christi Blut für dich gegeben am Kreuz.«
Selig zu preisen sind die reinen Herzens,
sie sehen Gott, den Vater, der die Welt regiert!

Du verleihst uns die Kraft der Verheißung:
»Gehet hin« – die Macht liegt doch bei mir!
Worte des Lebens kommen in die Schuhe.
Barmherzigkeit gilt denen, die zum Nächsten gehn.

Du allein bist der Weg der Verheißung.
Du allein bist der Weg zu dir.
Du allein führst mich den Weg zum Himmel.
Nur du kennst den Weg – du selbst bist Weg und Ziel.

Text und Melodie: Matthias Hanßmann

Die James-Bond-SMS zwischendurch:

Lizenz zum Leben

Sein Name ist Bond. James Bond.
007 bringt uns eine Message zum Leben.
Zum Beispiel: »Lizenz zum Töten«.

So hieß der Bond-Film aus dem Jahr 1989.
Am 14. Juli kam er in die Kinos.
Timothy Dalton spielte den Super-Agenten.
Und dieser hatte sie, die
»Licence to kill« – die »Lizenz zum Töten«.

Die hat ja sonst keiner.
Denn für uns alle gilt das fünfte Gebot der Bibel:
»Du sollst nicht töten.«
Also nichts da mit »Lizenz zum Töten« für uns.

Nur die »Lizenz zum Sterben« – die haben wir alle.
Schließlich muss jeder dran glauben – irgendwann.
Eigentlich ziemlich düstere Aussichten, finden Sie nicht?

Gut, dass es da doch einen Lichtblick gibt!
Es gibt nämlich noch eine Lizenz: die Lizenz zum Leben.

Die gibt uns Gott.
Sein Super-Agent hat sie uns erworben.
Gott hat ihn zu uns auf die Erde geschickt.
Seine Mission: die Rettung der Welt.

Dieser 007 Gottes bringt uns die »Licence to live«, die Lizenz zum
Leben.

Und sein Name?
Er heißt Christus. Jesus Christus.

Macht

Ein Wort zu einem vermeintlichen Unwort

Wenn es um unsere Berufung geht, geht es auch um das, was wir leisten können, was wir zustande bringen; es geht um unseren Handlungsspielraum; es geht um unsere Macht. Darum an dieser Stelle ein offenes Wort zu einem vermeintlichen Unwort. Ohne Macht können wir nichts tun. Das gilt überall, übrigens auch in der Kirche, in Gemeinschaften und in christlichen Vereinen. Macht macht Handeln überhaupt erst möglich. Macht zu besitzen heißt: die Möglichkeit zu haben, einen bestimmten Willen durchzusetzen. Das kann im Konsens mit anderen zusammen geschehen oder im Konflikt mit anderen. Macht bedeutet immer Gestaltungsfreiheit. Jede Freiheit aber hat Grenzen. Wo die Grenzen der Macht überschritten werden, wird Macht missbraucht. Darum müssen wir mit Macht verantwortlich umgehen. Das wirft mehr Fragen als Antworten auf: Woher kommt unsere Macht? Wie gehen wir verantwortlich mit ihr um? Wie schützen wir uns und andere vor Machtmissbrauch? – Dazu sechs wesentliche Aspekte.

1) Macht ist eine Gabe Gottes

»Macht euch die Erde untertan«, sagt Gott zu den ersten Menschen (vgl. 1. Mose 1,28) und gibt ihnen damit Macht zum Handeln. Über die ganze Erde sollen sie herrschen. Seine Schöpfung befiehlt Gott den Menschen an. Damit gibt er ihnen Macht. Menschen sind Macher, die Macht haben von Gott. Alle Macht kommt von Gott. Er ist der Allmächtige. Er ist der Herrscher der Welt. Er hat alle Fäden in der Hand. Aber er gibt uns teil an seiner Macht. Damit setzt er zugleich den Maßstab, wie wir mit der uns verliehenen Macht umzugehen haben. Zunächst einmal ist diese Macht notwendig, um dem Chaos zu wehren und Ordnung herzustellen und zu bewahren.

2) Macht ist Freiheit zum Gestalten

Mit dieser Macht hat der Mensch Freiheit zum Gestalten. Wir sind keine Marionetten, keine programmierten Roboter. Wir können selbst entscheiden, was wir tun. Das gilt in unserem persönlichen Leben und in unseren gesellschaftlichen Bezügen, in den kleinen Dingen des Alltags und bei wirklich schwerwiegenden Entscheidungen: Gott will, dass wir frei sind und aus freien Stücken seinen Willen tun. Damit sind wir an einem entscheidenden Punkt: Freiheit darf nicht zur Willkür werden. Sonst wird Macht missbraucht. Wir können tun und lassen, was wir wollen, aber es kommt darauf an, dass unser Wille dem Willen Gottes entspricht. Deshalb ist es so wichtig, dass wir beten: »Dein Wille geschehe!«

3) Macht hat eine Grenze

Freiheit führt uns immer in Versuchung. Macht ist eine große Versuchung, andere zu unterdrücken, andern den eigenen Willen aufs Auge zu drücken, Gegner an die Wand zu drücken. Die Menschheitsgeschichte ist voll von missbrauchter Macht. Das ist in der Politik so, in Unternehmen, aber auch in der Kirche. Überall, wo Menschen zusammenleben, wird Macht missbraucht. Dann überschreitet ein Machthaber die Grenzen seiner Macht. Macht darf nur in Maßen ausgeübt werden. Macht braucht Maßstäbe, an die sich die Machthaber halten. Auch diese Maßstäbe gibt uns Gott, etwa in den Zehn Geboten. Sie markieren die Grenzen der Macht. Wenn wir uns an sie nicht halten, wird unser Handeln maßlos und unser Leben gottlos.

> Der Mensch ist dessen nicht mächtig, worüber er verfügt.
> (Helmut Thielicke)

4) Macht braucht Verantwortung

Wer Macht hat, hat Verantwortung. Wer viel Macht hat, hat eine große Verantwortung. Daher kommt es entscheidend darauf an, dass sich Machthaber auch verantworten – vor Gott und den Menschen. Wenn Politiker bei ihrer Vereidigung auf den Zusatz »so wahr mir Gott helfe« verzichten, dann ist das zumindest ein Signal für Verantwortungslosigkeit gegenüber Gott. Alle Macht dieser Welt muss in Verantwortung vor Gott wahrgenommen werden. Wird sie das nicht, droht sie verantwortungslos ausgeübt zu werden. Wie soll man von einem Machthaber, der sich vor Gott nicht verantworten will, erwarten, dass er sich vor Menschen verantwortet? – Macht zu haben, heißt auch, dass man sich gegen andere durchsetzen muss. In Konflikten zeigt sich, wer Macht hat und wer Durchsetzungsvermögen besitzt. Gerade dann kommt es aber darauf an, dass wir mit unseren Gegnern verantwortlich und maßvoll umgehen.

5) Macht ist eine große Chance

Dort, wo wir die Freiheit haben, etwas zu gestalten, eröffnen sich viele Möglichkeiten: dass Menschen sich entfalten, dass Beziehungen ordentlich gelebt werden, dass wir gemeinsam etwas zustande bringen und miteinander vorankommen. Das gilt nicht nur in der Wirtschaft oder in der Politik, das gilt auch in allen christlichen Gemeinschaften. Wo wir als Mitarbeiter Verantwortung übernehmen – sei es für eine Gruppe, für einen ganzen Verein oder sogar eine Region – haben wir Chancen, zum Segen zu werden. Gott gibt uns nicht nur seine Gebote als Maßstäbe der Macht; er gibt uns auch seine Verheißung, das, was wir tun, zu segnen.

6) Macht und Liebe gehören zusammen

Alle Macht geht von Gott aus. Damit ist nicht nur der Ursprung aller Macht benannt, sondern zugleich die Art und Weise markiert, wie wir unsere Macht ausüben sollen. Denn der allmächtige Gott hat sich in Jesus Christus ganz ohnmächtig gemacht. Am Kreuz zeigt sich Gottes Ohnmacht, durch die er aber zugleich dem Tod die Macht nimmt. Diesen Weg geht er aus Liebe zu uns Menschen. Damit ist uns das Leitmotiv gegeben, mit dem wir unsere Macht ausüben sollen: Macht und Liebe gehören zusammen. Dann tun wir, was wir tun, zum Segen für uns und andere.

Das halte ich für mich fest

Ihr persönliches Fazit nach diesem Kapitel

Das will ich mir merken

Halten Sie hier fest, was Ihnen beim Lesen dieses Kapitels wichtig geworden ist: einen Gedanken, einen Satz, eine Idee, einen Impuls.

_____

_____

_____

_____

_____

Diese Konsequenz ziehe ich für mich

Halten Sie hier fest, welche Schlüsse Sie aus Ihrer Erkenntnis ziehen, was Sie tun wollen, was Sie von nun an anders oder was Sie bewusster tun wollen.

_____

_____

_____

_____

_____

4 Entwerfen Sie Ihren Lebensplan

Leitfragen:
- Wie verbringen Sie Ihre Zeit?
- Wie viel Zeit vertrödeln Sie?
- Wie zufrieden sind Sie am Ende eines Tages?
- Wie bringen Sie mehr Leben in Ihre Zeit?
- Auf welches Ziel leben Sie zu?

Haben Sie Stress? Natürlich haben Sie Stress. Jeder hat Stress. Das gehört ja schon zum guten Ton. Wenn Sie Ihr Stressstudium einmal vertiefen wollen, empfehle ich Ihnen den Aufenthalt in der Abflughalle eines Flughafens. Studieren Sie einmal die Geschäftsleute. Allein dafür lohnt es sich, einen Flug zu buchen. Das Handy am Ohr, das Notebook auf dem Schoß, die Krawatte gelockert, den Timer in der Tasche. Es ist ein Glück für alle stresssüchtigen Möchtegern-Manager, dass die CeBit uns jährlich neue Spielzeuge vorstellt, mit denen wir unseren Stress und mit ihm unsre Wichtigkeit kultivieren können: das Smartphone, das iPhone, den neuen Palm, das neue Notebook.

Aber auch wenn wir nicht zu den Flughafen-Junkies gehören, haben wir unseren Stress. Wir sind fleißig. Wir sind schaffig (Schwaben kennen dieses Wort...). Wir haben immer was zu tun. Langeweile kennen wir nicht. Wir sind ja schließlich keine Faulenzer und Zeitvertreiber. Nein, wir sind wer! – So stellen wir uns zumindest dar.

Wer sind wir eigentlich? Brauchen wir unseren Stress wirklich zur Selbstbestätigung? Stress im Beruf. Stress im Haushalt. Und dann der Freizeitstress! Es ist ja interessant: Keine Generation hatte je so viel Freizeit wie wir. Aber zu keiner Zeit war so viel von Stress und Zeitknappheit die Rede wie bei uns.

Wann kommt der erste Baby-Tempus?

Das fängt schon bei Kindern an. Da gibt es neben dem Kindergarten die Kindermusikschule, das Kinderturnen, den Kinderchor, die Kinderkirche, die Krabbelgruppe, die Babbelgruppe, das Babyschwimmen, die PEKiP-Gruppe (Prager-Eltern-Kind-Programm) und das Kinderferienprogramm. Ich warte auf den Tag, an dem der geschätzte Jörg Knoblauch den Baby-Tempus auf den Markt bringt. Und bei Jugendlichen geht es gerade so weiter: Nach acht bis zehn Stunden Schule und Busfahrt folgt ein Termin dem andern. Sport, Musik, Chat, Computerspiel – was wir auch tun mögen, sei es für sich genommen nun mehr oder weniger sinnvoll – alles kann zum Stress ausarten. Damit wären wir auch schon beim allwöchentlichen christlichen Gemeindestress! Ein Kreis jagt den nächsten. Gebetskreis, Bibelkreis, Hauskreis, Jugendkreis, Frauenkreis, Vorbereitungskreis – kann es sein, dass wir uns vor lauter Kreisen im Kreis drehen? Es kann einem ganz schwindlig werden!

Wie gehen wir eigentlich um mit unserer Zeit?

Das ist nicht so einfach. Es ist ja nicht alles, was wir tun, verkehrt. Im Gegenteil, jedes Einzelne ist vielleicht sogar gut und sinnvoll. Aber alles auf einmal – das ist zu viel.

Und wie ist das: *Sind* wir im Stress oder *machen* wir uns den Stress? Sind wir *zwangsläufig* im Stress oder gar *zwanghaft* im Stress? Sind es äußere Zwänge oder sind es in uns liegende Zwänge, die uns jagen und hetzen? – Das ist ein Unterschied!

Wollen wir ihn sogar? Brauchen wir ihn, unseren Stress? Weil wir die Ruhe scheuen. Weil wir die Stille nicht ertragen können. Und sind wir deshalb viel zu früh am Ende? Ausgebrannt, »Burn-out«, ein Symptom unserer Zeit. Wie gehen wir um mit unserer Zeit?

Ihr persönlicher Zeit-Check

Ich möchte Sie einladen: Testen Sie einmal Ihren Zeitvertreib! Dazu einige Anregungen.

Experiment 1: Finden Sie Ihre Zeitdiebe!

Schreiben Sie einmal auf, in welche Schwerpunktbereiche sich Ihr Leben aufteilt und wie viel Zeit Sie in jeden Bereich investieren. Legen Sie eine normale Arbeitswoche zugrunde. Solche Lebensbereiche sind etwa Ihr Beruf, die Fahrten im Auto oder im Zug, Zeit mit der Familie, Schlafen, Hausarbeit, Zeit mit Freunden, Zeit für Hobbys, Zeit in der Kirchengemeinde, Zeit in Vereinen, Zeit vor dem Fernseher, Zeit für Sie persönlich, Zeit mit Ihrem Partner, Zeit mit Gott,... – Überlegen Sie zunächst: In welche Bereiche gliedert sich Ihr Leben? Dann halten Sie fest, wie viel Zeit Sie für sie verwenden.

Bereiche meines Lebens	Investierte Zeit

Allein diese Übung kann sehr aufschlussreich sein. Investieren Sie in die Bereiche Ihres Lebens, die Ihnen besonders wichtig sind, auch besonders viel Zeit? Steht Ihre Zeitinvestition in einem angemessenen Verhältnis zu der Bedeutung, die Sie diesem Lebensbereich beimessen? Unterstreichen Sie doch einmal mit einer Signalfarbe die drei Lebensbereiche, die Sie für sehr wesentlich halten.

Besonders neuralgische Punkte sind die Zeit für Ihren Ehepartner, Ihre Kinder, Ihre Beziehung zu Gott und die Zeit, die Sie sich ganz persönlich für sich nehmen.

Experiment 2: Ihr persönliches Wochenprotokoll

Unsere erste Übung hat nun mit Schätzungen gearbeitet. Aufschlussreicher ist aber eine genaue Zeiterfassung. Wenn Sie mögen, machen Sie das doch einmal. Notieren Sie eine Woche lang möglichst exakt, wie viel Zeit Sie womit verbringen. Erstellen Sie Ihr persönliches Zeitprotokoll für jeden Tag, vom ersten Klingeln des Weckers am Morgen bis zu dem Zeitpunkt, an dem Sie abends müde ins Bett fallen. Das ist ein bisschen aufwendig, aber es lohnt sich. Sie sehen dann genau, wie viel Zeit Sie wofür verwenden.

Montag	Dienstag	Mitt-woch	Donners-tag	Freitag	Samstag	Sonntag

Montag	Dienstag	Mitt-woch	Donners-tag	Freitag	Samstag	Sonntag

Nun prüfen Sie Ihr persönliches Wochenprotokoll. Wofür verwenden Sie am meisten Zeit? Finden Sie das in Ordnung so? Wofür würden Sie gerne mehr Zeit investieren? Wo wollen Sie Zeit einsparen? Welche Schritte wären nötig, um mehr Zeit zu gewinnen? Seien Sie kritisch gegenüber sich selbst: Womit vertrödeln Sie die Zeit? Wann schlagen Sie buchstäblich die Zeit tot, die Ihnen doch zum Leben gegeben ist? Was sollten Sie eigentlich ganz lassen? Was hindert Sie daran? Welche Konsequenzen ziehen Sie?

Experiment 3: Gehen Sie auf Schatzsuche in Ihrem Leben!

Dieses Experiment braucht Zeit. Lassen Sie sich darauf ein in einer stillen Stunde. Sie brauchen Ruhe dafür, Zeit und Muße zum Nachdenken. Gehen Sie einmal in Ihrem Leben auf Schatzsuche. Schreiben Sie auf, welche Goldstücke es in Ihrem Leben gibt und welchen Ballast. Denken Sie genau nach. Gehen Sie Ihre verschiedenen Lebensbereiche durch und halten Sie positive und negative Einflüsse fest. Halten Sie zudem fest, worin das Positive oder Negative besteht.

Solche **Goldstücke** können etwa sein: Menschen und Tätigkeiten, die Sie besonders lieben, Tätigkeiten, die Ihnen einfach Spaß machen, Dinge, für die Sie von Herzen dankbar sind, was Sie erfüllt, erfreut und glücklich macht, was Sie weiterbringt, herausfordert und anspornt, was Sie motiviert.

_____

_____

_____

_____

_____

_____

_____

_____

_____

_____

Ballast in Ihrem Leben, das können Tätigkeiten sein, zu denen Sie einfach verpflichtet sind, die Sie aber eigentlich nicht gerne tun, vielleicht sogar hassen. Dazu gehören auch Menschen, die Sie eher als Belastung empfinden, alle Arten von Schwierigkeiten, Schmerzen, was Sie in Stress und Hektik versetzt, was Sie müde, wütend, traurig und ängstlich macht, was Sie verletzt.

_____

_____

_____

_____

_____

_____

_____

_____

_____

In einem späteren Kapitel werden wir uns noch einmal speziell mit den Dingen beschäftigen, die Sie belasten. Hier geht es erst einmal darum, Goldstücke und Ballast wahrzunehmen und das im Blick auf die Zeitplanung zu berücksichtigen.

Gewichten Sie nun die Goldstücke, die Sie für besonders wertvoll halten. Versuchen Sie den drei wertvollsten Goldstücken mehr Platz in Ihrem Leben einzuräumen.

Machen Sie dasselbe mit Ihrem Ballast, und versuchen Sie, sofern möglich, ihm weniger Platz im Stundenplan Ihres Lebens zu gewähren.

Bitte stellen Sie sich nun noch eine Frage: Welche Schlüsse ziehen Sie aus Ihrer Analyse? **Welche Ziele wollen Sie verfolgen, um Ihr Gold zu vermehren und Ihren Ballast zu reduzieren?**

Halten Sie doch drei konkrete Ziele für sich fest.

Ein Beispiel: Wenn ein Goldstück für Sie das Radfahren in der Natur ist, ein anderes vielleicht, mehr Zeit mit Ihren Kindern zu verbringen, dann könnte ein Ziel sein: »Ich will mindestens einmal im Monat eine Radtour mit meinen Kindern machen.«

Drei Ziele, die Sie für sich festhalten:

1) _____

2) _____

3) _____

Experiment 4: Setzen Sie Prioritäten!

Das ist nun ein Klassiker jedes Ratgebers zum Zeitmanagement. Aber es ist eben auch schlichtweg grundlegend und alles andere als selbstverständlich, in die Fülle von Aufgaben und Anforderungen, denen wir tagtäglich ausgesetzt sind, eine gewisse Ordnung zu bringen. Nur so orientieren wir uns und arbeiten Schritt für Schritt unser Pensum ab. Darum die Einladung an Sie: Erstellen Sie eine Tätigkeitsliste, eine sogenannte To-do-Liste, und halten Sie darauf alles fest, was Sie in nächster Zeit zu tun haben. Sortieren Sie all Ihre Aufgaben und Tätigkeiten nach Wichtigkeit und Dringlichkeit, und stellen Sie danach Ihre Prioritätenliste auf. Daran können Sie dann Ihre Zeitplanung orientieren. Vier Typen von Aufgaben werden in der Regel unterschieden, die Aufgabentypen A, B, C und D:

Aufgabentyp A: dringend und wichtig

Das sind Aufgaben, die dringend und wichtig sind. Wenn etwas von hoher Bedeutung ist, wenn es um alles oder nichts geht, und wenn es zugleich schnell angegangen und bearbeitet werden muss.

Ein Beispiel: In Ihrem Wohnzimmer ist eine Fensterscheibe zu Bruch gegangen, Regen ist angesagt. Diese Reparatur verträgt keinen Aufschub.

Aufgabentyp B: wichtig, aber nicht dringend

Das sind Aufgaben, die momentan nicht dringend, aber gleichwohl wichtig sind. Wenn Sie eine solche Aufgabe nicht bearbeiten, entsteht dadurch möglicherweise ein Problem und eine bislang nicht vorhandene Dringlichkeit. B-Aufgaben sind oft strategische Aufgaben, Aktivitäten der Planung und Vorbereitung, alles Konzeptionelle.

Ein Beispiel: Sie haben seit einigen Wochen einen zu hohen Blutdruck. Das wissen Sie, das beeinträchtigt Sie aber nicht. Ihre Gesundheit ist wichtig, sehr wichtig sogar. Achten Sie darauf, dass aus dem wichtigen Arztbesuch nicht eine A-Aufgabe wird, die sich dann in einer akuten Notlage stellen würde.

Aufgabentyp C: dringend, aber nicht wichtig

Das sind Aufgaben, die jeden Tag anfallen und einfach gemacht werden müssen. »Möglichst schnell weg damit!«, heißt hier die Devise. Diese Aufgaben sind dringend, aber auf längere Sicht nicht wichtig. Wenn Sie können, ist es am besten, Sie geben diese Aufgaben an andere weiter, Sie delegieren sie also. Das geht aber gewiss nicht in jedem Fall. Auch Aufgaben des Typs C können, wenn sie nicht erledigt werden, plötzlich wichtig und damit zu Typ A werden.

Ein Beispiel: In der Küche stapelt sich das dreckige Geschirr. Der Abwasch steht an und der Müll muss raus. Das ist garantiert nicht das Wichtigste im Leben, aber dringend ist es gleichwohl. Wenn der Mülleimer irgendwann an Überfüllung zu zerbersten und der Kompost zum Biotop zu werden droht, gewinnt das anfangs nur Dringliche nach und nach an Wichtigkeit.

Aufgabentyp D: nicht wichtig und nicht dringend
Das sind Aufgaben, die eigentlich nicht erledigt werden müssen. Es kümmert niemanden, es schadet niemandem, wenn sie nicht gemacht werden. Prüfen Sie einmal, wie viele Tätigkeiten Sie ausüben, die weder dringend noch wichtig sind. Grundsätzlich gilt: Diese Aufgaben sollten Sie erst dann anpacken, wenn Sie alle anderen erledigt haben.

Ein Beispiel: das abendliche Fernsehen. Sie müssen eine Sendung nicht gesehen haben. Hier können Sie wirklich Zeit gewinnen. Anders sieht es aus, wenn Ihre D-Aufgabe für Sie einen wichtigen Ausgleich darstellt, der zwar keinen höheren Zweck erfüllt, Ihnen aber einfach Spaß macht. Das dürfte für manche Hobbys gelten, fürs Fernsehen allerdings wohl eher weniger. Wenn Sie ein Hobby haben, das Ihnen für Ihre Entspannung und als Ausgleich zum Stress der Arbeit wichtig ist, dann sollten Sie diese Aufgabe ernst nehmen und als wichtig einstufen. Sie wird dann zu einem Aufgabentyp B.

Ihre persönliche To-do-Liste mit Prioritätensetzung:
Versuchen Sie es nun einmal. Hier ist Ihre persönliche To-do-Liste mit einer Zuordnung Ihrer Aufgaben zu einem Aufgabentyp:

Aufgabe	Kreuzen Sie an:			
	Typ A	Typ B	Typ C	Typ D

Ein Tag mit dir

Ein neuer Tag bricht sanft durch den Morgen.
Die Sonne lädt mich zu dir ein.
Ich atme tief und denke benommen:
Zum Glück bist du zu mir gekommen.

Refrain: Eine Tasse voll Zeit schenkst du mir ein,
ich greife zur Bibel und höre: Ich bin ganz dein!
Du redest durch Worte, durch Zeichen auf Papier.
Du rührst die Seele und sprichst zu mir:
»Du, ich bin hier!«

Der Tag beginnt mit hellen Gedanken.
Dein Geist hat mich heute berührt.
Mein Tag soll dich, mein Gott, neu beachten,
auch wenn ihn andere überfrachten.

Am hellen Mittag raubt mir der Hunger
die wertvolle leise Zeit.
Begegne mir in meinen Gedanken!
Bei dir will ich noch Ruhe tanken.

Noch früh am Abend jagen die Fragen,
sind schneller und holen mich ein.
Du kommst zu mir und schiebst dich dazwischen.
Dein Geist will mich nochmals erfrischen.

Die Nacht bricht an, der Mond lacht am Himmel,
und Friede breitet sich aus.
Die Müdigkeit legt sich mit mir schlafen.
Du schaust mich an, ohne zu strafen.

Break: Ich lebe gern in deiner Gegenwart.
Komm und wohne bei mir!
Bleibe bei mir mit deiner Gegenwart!
Wohne du ganz bei mir.

Text und Melodie: Matthias Hanßmann
© cap-music, 72 221 Haiterbach-Beihingen

Hören wir an dieser Stelle auf einen alten weisen Mann. Der Prediger des Alten Testaments ist einer, der uns buchstäblich göttliche Lebensweisheit überliefert hat. Was dort im dritten Kapitel steht, ist zeitlos gültig – und aktueller denn je.

Alles hat seine Zeit, alles auf dieser Welt hat seine ihm gesetzte Frist: Geboren werden hat seine Zeit wie auch das Sterben. Pflanzen hat seine Zeit wie auch das Ausreißen des Gepflanzten. Töten hat seine Zeit wie auch das Heilen. Niederreißen hat seine Zeit wie auch das Aufbauen. Weinen hat seine Zeit wie auch das Lachen. Klagen hat seine Zeit wie auch das Tanzen. Steine zerstreuen hat seine Zeit wie auch das Sammeln von Steinen. Umarmen hat seine Zeit wie auch das Loslassen. Suchen hat seine Zeit wie auch das Verlieren. Behalten hat seine Zeit wie auch das Wegwerfen. Zerreißen hat seine Zeit wie auch das Flicken. Schweigen hat seine Zeit wie auch das Reden. Lieben hat seine Zeit wie auch das Hassen. Krieg hat seine Zeit wie auch der Frieden. Was also hat der Mensch davon, dass er sich abmüht? Ich habe mir die Arbeit angesehen, die Gott den Menschen gegeben hat, damit sie sich damit plagen. Gott hat allem auf dieser Welt schon im Voraus seine Zeit bestimmt, er hat sogar die Ewigkeit in die Herzen der Menschen gelegt. Aber sie sind nicht in der Lage, das Ausmaß des Wirkens Gottes zu erkennen; sie durchschauen weder, wo es beginnt, noch, wo es endet.

Prediger 3,1-11

Zumindest dreierlei sollten wir uns merken:

1) Unsere Zeit ist ein Geschenk

Alles hat seine Zeit, sagt der Prediger. Geboren werden und Sterben, Pflanzen und Ausreißen, Schweigen und Reden, Weinen und Lachen, Lieben und Hassen. »Eine Binsenweisheit«, könnten wir sagen. »Was soll das Ganze?«

Aber dieses Grundlegende vergessen wir so leicht: Alles hat seine Zeit. Das heißt, es geschieht eben nicht alles auf einmal. Nicht alles geht zeitgleich, in der Welt nicht und in unserem eigenen Leben nicht. Das wäre ein völliges Durcheinander aus Weinen, Lachen, Schweigen, Reden, das reinste Chaos! Nein, es ist alles geordnet. *Gott* hat es geordnet.

Wissen Sie wann? – Ganz am Anfang der Schöpfung. Am ersten Schöpfungstag hat Gott das Licht geschaffen, so ist es uns im 1. Buch Mose überliefert. Er trennte das Licht von der Finsternis. Er nannte das Licht Tag und die Finsternis Nacht. Und dann heißt es ganz schlicht: »Da ward aus Abend und Morgen der erste Tag.« Das ist der Anfang der Schöpfung. Da hat Gott die Zeit geschaffen. Seither beginnen wir die Tage zu zählen.

Vorher gab es keine Zeit. Ich weiß, das können wir uns nicht vorstellen. Die Bibel sagt, vorher war Tohuwabohu, ein völliges Durcheinander, eben Chaos. Aber dann ordnet Gott das Chaos. Das ist Schöpfung. Er schenkt uns die Zeit. Die Zeit, auch unsere Lebenszeit, ist ein Geschenk Gottes.

Wer das erfasst, begegnet dem Wunder des Lebens: Jeder Tag, jede Stunde, jeder Augenblick, jeder Atemzug ist ein Geschenk Gottes an uns.

Und so wie Gott ganz am Anfang das Chaos geordnet hat, so will er auch unser Leben ordnen. Es soll nicht alles auf einmal passieren. Wir sollen nicht alles auf einmal anpacken, sondern alles der Reihe nach. Denn alles hat seine Zeit.

Wenn wir das nicht tun, bricht das Chaos über uns herein.

Wir jagen durch den Tag. Wir hetzen durch unser Leben. Wir sind ständig getrieben von der Angst, etwas zu verpassen. Dadurch werden wir unfähig, uns zu entscheiden. Zu nichts können wir Nein sagen. Wir wollen uns alle Optionen offenhalten, uns nur nicht festlegen. Wir wollen alles, am besten sofort.

Und so sind wir voller Hektik, voller Termine, voller Stress. Alles ist voll: unser Terminkalender, wir haben alle Hände voll zu tun, unsern Kopf haben wir voll, vielleicht auch unseren Geldbeutel, aber in unserer Seele – da herrscht gähnende Leere.

Wir laufen heiß, es läuft rund, aber irgendwann sind wir ausgebrannt. Ausgebrannt wie eine alte Scheune. Wissen Sie, wie das aussieht?

Bei meinem Schwager hat es einmal gebrannt. Er hatte eine kleine Landwirtschaft. Und in der Scheune lag das eingefahrene Heu. Vielleicht war es nicht ganz trocken. Aber es lag total harmlos da oben in der Scheune. Wer denkt sich was dabei?! Aber was so harmlos aussah, begann sich zu erhitzen, zu schwitzen, zu gären, ganz langsam. Letztlich hat es sich entzündet. Mitten in der Nacht brannte die alte Scheune lichterloh. Als es bemerkt wurde, war nichts mehr zu machen. Wenigstens das Vieh konnten sie retten. Und die Feuerwehr schützte die Nachbargebäude. Ein Glück: Das angebaute alte Wohnhaus wurde gerettet. Und am nächsten Tag – ein trauriges Bild: Die stattliche Scheune war ausgebrannt. Abgebrannt bis auf die Grundmauern. Tagelang stieg noch der Rauch auf. Es stank erbärmlich. Die Balken verkohlt. Die Mauern schwarz. Alles voller Asche und Schutt.

Wenn wir nicht enden wollen wie diese Scheune, hören wir auf den Prediger: Alles hat seine Zeit! Unsere Lebenszeit ist ein Geschenk von Gott. Lassen wir ihn unser Leben ordnen!

Und jetzt frage ich Sie einfach einmal:

Haben Sie Zeit zum Reden – und zum Schweigen? Reden Sie miteinander in Ihrer Ehe? Wie lange pro Tag? Eine Stunde? Eine halbe? Zehn Minuten? – Statistiker sagen: Im Durchschnitt redet ein Ehepaar in Deutschland sieben Minuten pro Tag miteinander. Ob da nicht die Prioritäten anders zu setzen sind? – Denken Sie dran: Reden hat seine Zeit!

Aber Schweigen auch. Nehmen Sie sich Zeit zum Schweigen? Nur für sich. Zum Gebet. Zeit für Gott. Zeit für einen Psalm. Schweigen hat seine Zeit!

So können wir jetzt alles durchbuchstabieren: das Lachen, das Weinen, das Pflanzen, das Ausreißen, das Klagen, das Tanzen und Feiern. Werktag und Sonntag. Auch das hat Gott weise geordnet. Also, machen wir nicht alles auf einmal. Arbeiten, Stille und Feiern – das ist ein guter Dreiertakt des Lebens. Unsere

Zeit ist ein Geschenk von Gott, unsere Arbeitszeit und unsere Ruhezeit – also nehmen wir sie uns!

2) Unsere Zeit hat ein Ziel

Es gibt Minuten, die kommen uns wie Ewigkeiten vor. Und dann gibt es Stunden, die vergehen wie im Flug. Also, die Minuten beim Zahnarzt, wenn der Doktor zum Bohrer greift und den Zahnstein schleift. Oh weh – das tut weh, bevor es überhaupt wehtut. Das geht scheinbar unendlich, manche von uns erinnern sich an Ewigkeiten, die sie im Zahnarztstuhl verbracht haben.

Ganz anders die Stunden an einem schönen Abend. Wenn wir mit Freunden gemütlich zusammensitzen. Reden und essen und trinken – und gar nicht merken, wie die Zeit vergeht. Auch das kennen wir. Hoffentlich kennen Sie das. Zeit ist relativ. Es gibt sie eben: gute Zeiten, schlechte Zeiten, Kurzweile und Langeweile.

Es gibt Zeiten, die sitzen wir einfach ab. Wir warten. Auf dem Amt. Auf dem Bahnhof. Im Supermarkt an der Kasse. Verlorene Zeit. Unsinnige Zeit. Verschwendete Zeit. Wir kommen wohl nie ganz drum herum. Es gibt aber auch das andere: wertvolle Stunden. Kostbare Zeit. Intensive Momente, die wir nicht vermissen wollen. Im Urlaub zum Beispiel: auf einem Berggipfel, ganz oben. Nur noch der Himmel über uns. Was für ein Highlight! Ein großer Moment. Oder am Meer: das Rauschen der Wellen. Die salzige Luft. Diese unendliche Weite. Gewaltig! Herrlich. – Das sind Momente, in denen wir die Ewigkeit ahnen.

Daran muss der Prediger gedacht haben, als er schrieb: *Gott hat uns die Ewigkeit ins Herz gelegt.* Wir ahnen etwas davon, dass unsere Zeit hier nicht alles ist. Unsere Zeit hat ein Ziel.

Deshalb kommt alles darauf an, dass wir unsere Zeit auf das Ziel ausrichten. Kennen Sie das Ziel der Zeit? Hat Ihre Lebenszeit ein Ziel? Haben Sie ein Ziel, auf das Sie zuleben?

Nein, ich meine nicht nur die nächste Gehaltserhöhung oder den nächsten Karrieresprung, nicht nur das Häuschen oder die

Enkelkinder oder die Traumreise. Es geht um das Ziel Ihrer ganzen Lebenszeit: Worauf leben Sie zu?

Das Ziel der Zeit – das Ziel aller Zeiten – ist Gott selbst. Von ihm kommen wir und zu ihm gehen wir. Darum ist es gut, wenn wir unterwegs auf ihn ausgerichtet sind. Das Neue Testament sagt: Das Ziel der Zeit heißt Jesus Christus. Er ist das A und das O, der Anfang und das Ende. Er ist der Ewige. Der Sohn Gottes. Er war bei der Schöpfung dabei. Er erwartet uns am Ende der Zeit. Und er ist aus der Ewigkeit in unsere Zeit gekommen. Das ist das Wunder von Weihnachten: Der ewige Gott ist Mensch geworden. In Bethlehem hat er diese Erde berührt. Hier hat er gut drei Jahrzehnte gelebt. Dann hat sein Blut diese Erde getränkt. Als jenes Kreuz auf dem Hügel Golgatha aufgerichtet wurde, stand die Zeit einmal, nur ein einziges Mal still. Es war genau in dem Moment, als Jesus am Kreuz hing und aus Leibeskräften hinausschrie: »Es ist vollbracht!«

Dieser Moment – da ist der ewige Gottessohn gestorben. Das Unmögliche wurde wahr. Der Himmel hat die Erde berührt. Die Ewigkeit brach in die Zeit. Burn-out auf Golgatha: Der Gottessohn ist für uns durch die Hölle gegangen und verbrannt. Aber dabei ist es nicht geblieben. Er ist auferstanden zu neuem Leben. Seither ist die Zeit Heilszeit. Seither ist kein Horizont mehr der letzte Horizont. Seither geht es weiter. Seither sind die Grenzen gesprengt. Seither gibt es Hoffnung. Seither hat unsere Zeit ein Ziel: Leben.

Und für uns kommt alles darauf an, dass wir unser Leben auf das Ziel ausrichten, auf Jesus Christus – genau das bedeutet es, zu glauben und zu hoffen und zu lieben. Auf das Ziel kommt es an. Unsere Zeit hat ein Ziel. Welches Ziel haben Sie?

Es wäre tragisch, wenn wir unsere Zeit nur vergeuden, vertändeln, vertrödeln oder gar totschlagen würden. Es wäre elend, wenn wir am Ende unseres Lebens sagen müssten: Es war verlorene Zeit, letztlich ist alles vergangen, aus und vorbei. Es wäre unendlich traurig, wenn wir am Ende kein Ziel mehr hätten, wenn nur noch ein Rückblick bliebe, eine verblassende Erinnerung, wenn unser Leben nur mit dem Wind verwehen würde und wir am Ende selbst verloren wären. Darum die Frage: Leben Sie auf ein Ziel zu? Leben Sie auf Jesus Christus zu? Dann ist jeder Tag ein Gewinn. Vom Ziel her gewinnt der Weg eine Würde. Wer ziellos lebt, kann das Leben nicht wirklich genießen. Aber wer weiß, wohin es geht, wer eine Richtung hat, kann jeden Tag in vollen Zügen erleben und genießen.

Halten Sie einen Moment inne und entrümpeln Sie Ihren Lebenskalender! Richten Sie ihn aus auf Jesus – er wird Ihre Tage neu füllen. So leben wir ein erfülltes Leben.

Darum empfehle ich Ihnen dringend:

Experiment 5: Nehmen Sie sich Zeit zur Zielorientierung!

Nehmen Sie sich immer wieder Zeit zur Zielorientierung, eine Zeit des Gebets, der Stille vor Gott. Planen Sie das möglichst regelmäßig ein: in Ihren Tageslauf, in Ihren Wochenrhythmus, in Ihren Monats- und Jahreslauf:

- einmal am Tag wenigstens zehn Minuten Stille Zeit mit einem Wort der Bibel und Gebet,
- einmal in der Woche den Besuch eines Gottesdienstes, einer Gemeinschaft, eines Ortes, an dem über Lebensziele gesprochen wird,
- einmal im Monat einen Stillen Tag, an dem Sie sich zurückziehen, sich Zeit für sich nehmen, spazieren gehen, Sport machen, es sich gut gehen lassen und Zeit mit sich und Gott verbringen,
- einmal im Jahr eine Auszeit, einen Urlaub zur Besinnung: Läuft mein Leben noch in den Bahnen, die gut für mich und meine nächsten Mitmenschen sind und die Gott ehren?

Achten Sie dabei auf Regelmäßigkeit. Denn was Sie nicht regelmäßig tun, wird in der Regel mäßig.

Und wenn Sie mögen, schreiben Sie einmal Ihre Lebensziele auf und nehmen Sie folgende Fragen mit in Ihre Stille Zeit:

- Wohin will ich in meinem Leben? Was ist mir wichtig?
- Was will ich erreichen?
- Mit wem will ich zusammenleben?
- Mit wem will ich alt werden?
- Was will ich einmal werden?
- Was will ich besitzen?
- Was will ich behalten?
- Was will ich loslassen?
- Was will ich weitergeben an andere?
- Was will ich nie mehr tun?
- Was will ich auf keinen Fall?
- Was soll man am Ende von mir sagen können?
- Was soll bleiben?

Experiment 6: Ihr persönliches Lebensbild

Wenn Sie mögen, malen Sie sich ein persönliches Lebensbild: Wie soll Ihr Leben aussehen? Wenn dabei Bibelverse eine Rolle spielen, vielleicht Ihr Denkspruch zur Konfirmation, dann bauen Sie diese in das Bild ein. Malen Sie sich aus, wie Ihr Leben aussehen soll. Malen Sie Ihr Leben. Setzen Sie sich ins Bild. Und wenn Sie Gott kennen – dann tun Sie es betend und bitten Sie ihn, dass er Ihren Pinsel führt, dass er in Ihr Leben hineinmalt.

3) Unsere Zeit ist jetzt

Ich weiß nicht, was für ein Typ Sie sind: Es gibt Menschen, die denken immer an die Zukunft. Dazu gehören vor allem junge Leute. Was wird morgen sein? Was werde ich erreichen in meinem Leben? Werde ich Familie haben? Werde ich Erfolg im Beruf haben? Ständig leben sie im Morgen.

Es gibt aber auch Menschen, die denken immer an früher. Das sind vor allem Ältere. Ständig reisen ihre Gedanken in die Vergangenheit und kreisen um sie. Die gute alte Zeit! Früher war alles anders, früher war alles besser, zumindest das meiste, sagen sie. Damals, als ich noch jung war... Ständig leben sie im Gestern.

Das ist die Gefahr unseres Lebens: Wir leben im Morgen oder im Gestern, aber nie im Heute.

Blaise Pascal – der große Denker – hat recht, wenn er sagt:

Wir irren in den Zeiten herum, die uns gar nicht gehören.
Und die einzige, die uns wirklich eigen ist, leben wir nicht,
den heutigen Tag.

Unsere Zeit ist jetzt. Verschieben Sie das Leben nicht auf morgen! Wer weiß, ob Sie morgen noch erleben. Jetzt ist Jesus für Sie da. Jetzt ist die Zeit der Gnade. Jetzt ist der Tag des Heils. Und wenn Gott jetzt zu Ihnen redet, dann machen Sie Ihr Herz nicht dicht. Hetzen Sie nicht weiter! Halten Sie nur einen Moment still und sehen Sie auf Jesus. Dann entdecken Sie: Er hat Zeit für Sie.

Die James-Bond-SMS zwischendurch:

Stirb an einem anderen Tag!

Sein Name ist Bond. James Bond.
007 bringt uns eine Message zum Leben.
Zum Beispiel: »Stirb an einem anderen Tag!«

So heißt der Action-Streifen, der 2002 über die Leinwand flimmerte.
Madonna sang den Titelsong:
»Die Another Day« – »Stirb an einem anderen Tag!«

Tja, so wie wir James Bond kennen, wird er's auch diesmal überleben.
Der große Held:
Er rettet die Welt.
Wer stirbt, das ist der Bösewicht.
Und Super-Bond überlebt in den Armen einer schönen Frau.

Der gute James – er ist so was wie der »Action-Messias«.
Ein moderner Retter, ein »Heiland der Welt«.

Nur eines unterscheidet ihn vom echten Messias:

Der wirkliche Retter der Welt ist auch wirklich gestorben.
Auf einem Hügel bei Jerusalem wurde er an ein Kreuz genagelt.
»Stirb an einem anderen Tag!«
Dieser »andere Tag« war Karfreitag.

Wissen Sie, wie er heißt, dieser Agent Gottes?
Sein Name ist Christus. Jesus Christus.

Traum vom Glück

Der Traum vom Glück hat viele Farben.
Ich mal ihn aus und schlafe ein
und weiß genau, dass, wenn ich aufsteh,
wird grau in grau mein Alltag sein.

Rot die Liebe, grün die Hoffnung,
blau die Treue, doch was bleibt,
wenn das Schicksal in mein Leben
nur mit schwarzer Tinte schreibt?

Refrain: Ich frage nach Gott und ruf in die Nacht,
ob ein Vater im Himmel hoch über mir wacht:
Gib mir die Farben zurück,
schenk mir ewiges Glück,
leih mir jetzt schon ein Stück
von deiner Herrlichkeit.

Ich weiß, der Tag ist nicht fern,
und ich leb heut schon gern,
denn du zeigst mir den Stern
der Barmherzigkeit.

Ja, Sommer, Sonne, Sand und Segeln,
das ist ein Traum vom großen Glück.
Doch von der Jacht bleibt in der Regel
nur ein Luftschloss bei mir zurück.

Sag mir, wer zählt meine Tränen,
wenn mein Glück in Scherben liegt.
Wer heilt mein Herz, wenn mein Glückstraum
mit dem Wind der Zeit verfliegt.

Refrain:...

So kunterbunt sind meine Träume,
jedoch ich lebe in Schwarz-weiß.
Du, Herr, mein Gott, mal in mein Leben,
sodass ich weiß, was Leben heißt.

Du warst hier, du kennst die Erde.
Du kennst Sterben und das Glück.
Auf der Reise in den Himmel
nimmst du mich mit dir zurück.

Refrain: Ich weiß, du bist Gott, und ich ruf durch die Nacht,
weil mein Vater im Himmel heut über mir wacht...

Text: Steffen Kern
Melodie: Matthias Hanßmann
© cap-music, 72 221 Haiterbach-Beihingen

Das halte ich für mich fest

Ihr persönliches Fazit nach diesem Kapitel

Das will ich mir merken

Halten Sie hier fest, was Ihnen beim Lesen dieses Kapitels wichtig geworden ist: einen Gedanken, einen Satz, eine Idee, einen Impuls.

_____

_____

_____

_____

_____

Diese Konsequenz ziehe ich für mich

Halten Sie hier fest, welche Schlüsse Sie aus Ihrer Erkenntnis ziehen, was Sie tun wollen, was Sie von nun an anders oder was Sie bewusster tun wollen.

_____

_____

_____

_____

_____

5 Entwickeln Sie Ihre Beziehungen

Leitfragen:
- Mit wem teilen Sie Ihr Leben?
- Wie gestalten Sie Ihre Beziehungen?
- Wie erleben Sie es, allein zu sein?
- Auf wen wollen Sie welche Schritte zugehen?

Auweia, das Thema Beziehungen ist heikel, keine einfache Sache, sondern höchst kompliziert. Und das fängt schon bei den engsten Beziehungen an. Sie kennen sicher das berühmte Beispiel: Ein Ehepaar sitzt im Auto und geht auf große Fahrt. Diese Konstellation ist immer problematisch: Wenn aus Mann und Frau Fahrer und Beifahrer werden, da ist Streit fast vorprogrammiert. Was die Situation dieses Mal von Anfang an besonders anspannt: *Sie* sitzt am Steuer. *Er* ist nur Beifahrer.

Wir haben das bildhaft vor Augen: *Sie* fährt konzentriert, etwas angestrengt, jedenfalls emanzipiert. So gut sie kann, versucht sie ihn zu übersehen und zu überhören. Ihre Hände hält sie fest am Lenkrad, sie schaut stur geradeaus und gibt sich betont locker, vielleicht etwas zu betont. Und um zu zeigen, wie gut sie Auto fährt, gibt sie mächtig Gas.

Er, von Anfang an widerwillig auf der rechten Seite eingestiegen, hält sich demonstrativ am Türgriff fest. Die Knöchel seiner Finger werden weiß, so fest krallt er sich an seiner Seitentür fest. Man könnte meinen, er fürchte, diese würde jeden Moment aufgehen, oder aber er hält sich bereit, sie bei der nächsten sich bietenden Gelegenheit sofort aufzureißen und hinauszuspringen. An jeder Kreuzung sieht er nach links und rechts. Seine Füße treten die Pedale mit. Sein Puls steigt mit dem Drehzahlmesser in astronomische Höhen.

Und dann sagt er den verhängnisvollen Satz, der über die Zukunft dieser Ehe entscheiden kann: »Die Ampel da vorne ist rot.«

Eigentlich ein ganz einfacher Satz. Aber nichts ist einfach in einer Ehe. Dieser Satz umschreibt eine Welt. Mit diesem Satz kann ein ganzer Kosmos aus den Fugen geraten. Er kann eine globale Katastrophe auslösen – zumindest für die beiden im Auto.

Zunächst einmal ist das ja eine schlichte Sachinformation. Die Ampel ist rot und nicht blau oder braun oder violett. Aber so ist der Satz wohl kaum gemeint.

Eher schon als ein Appell: »Hey, da vorne ist rot, also fahr gefälligst langsam!« Was als Sachaussage daherkommt, ist in Wirklichkeit eine Aufforderung, ein Wunsch, ein Befehl. Und wer hört schon gern Befehle, noch dazu vom Ehepartner?!

Außerdem schwingt ein Stück Selbstoffenbarung mit: »Du fährst mir zu schnell. Wenn du nicht sofort bremst, dann bekomm ich einen Herzkasper. Hilfe, ich hab Angst. Ich halte das nicht aus. Ich sterbe!« Solche Angst ist kein Zeichen für ein starkes Vertrauen. Eine solche Selbstoffenbarung führt nahe heran an den Offenbarungseid.

Die Frau am Steuer hört den Satz aber höchstwahrscheinlich auf dem Beziehungsohr: »Du traust mir ja gar nichts zu. Du hältst mich für unfähig. Du machst mir nur Vorwürfe und Vorhaltungen. Das war schon immer so. Ich finde, das ist keine gute Basis für eine Ehe. So kann das nicht weitergehen. Oh, hätte ich doch damals auf meine Mutter gehört...!!!«

Spätestens jetzt ist alles zu spät. Sobald die Schwiegermutter ins Spiel kommt, hört der Spaß auf. Bei diesem Stichwort sieht der Mann rot, auch ohne rote Ampel. Denn die Schwiegermutter ist für ihn ein rotes Tuch.

Wie weit die beiden so miteinander kommen, überlasse ich jetzt einmal Ihrer Fantasie.

Aber es ist doch merkwürdig: Warum ist das eigentlich so? Warum tun sich Männer und Frauen manchmal so schwer miteinander? Und warum ist die Schwiegermutter klassischerweise für viele ein rotes Tuch? Das war jetzt nur eine Szene, zugegeben, etwas klischeehaft und etwas überspitzt. Aber doch eben gar nicht so weit weg von der Wirklichkeit. Dabei ging es nur um die Beziehung zwischen Mann und Frau. Von Kindern und Großeltern, von Nachbarn und Kollegen, von Vorgesetzten und Kunden, von Freunden, aber auch von der Gemeinde war noch gar nicht die Rede.

Da stellt sich doch die Frage: Wenn unsere Beziehungen so schwierig sind – wie können wir sie dann gestalten? Sodass wir uns nicht im Beziehungsnetz verwirren? Sodass wir überleben – und die andern auch? Mehr noch: Sodass wir alle miteinander reich beschenkt werden?

Ich lade Sie ein: Lesen Sie zunächst eine kurze Episode aus dem Neuen Testament. Die Handlung spielt im Kreis der Jünger, also der Freunde von Jesus. Diese Szene findet statt zwischen Abendmahl und Gethsemane. Eben hat Jesus den Verrat durch Judas angekündigt. Gleich wird er gefangen genommen. Und zwischendrin, mitten in dieser höchst gespannten Situation, haben die Jünger nichts anderes zu tun, als zu streiten. Der Grund ihres Streits ist ein klassisches Beziehungsproblem:

Und sie fingen an zu streiten, wer von ihnen im kommenden Reich Gottes der Größte sein würde. Jesus sagte zu ihnen: »In dieser Welt beherrschen die Könige und Großen ihre Untertanen und werden doch als ›Wohltäter‹ bezeichnet. Unter euch aber soll der Größte den niedrigsten Platz einnehmen und der Leiter soll wie ein Diener sein. Normalerweise sitzt der Meister am Tisch und wird von seinen Dienern bedient. Hier ist es anders! Denn ich bin euer Diener.«

Lukas 22,24-27

Lassen wir diesen Text zunächst einmal einfach so stehen. Nun lade ich Sie wieder einmal zu einem kleinen Experiment ein.

Bitte stellen Sie sich doch einmal eine Wiese vor. Eine schöne grüne Wiese. Sie ist frisch gemäht. Sie liegt an einem leichten Hang. Es ist ein sonniger Tag. Es ist warm, aber nicht zu heiß. Eine leichte Brise weht, richtig angenehm. Ein herrlicher Tag wie aus dem Bilderbuch.

Mitten auf dieser Wiese stehen Sie. Zunächst einmal allein. Sonst ist noch niemand da. Haben Sie dieses Bild vor Augen? – Sie stehen mitten auf einer herrlichen Wiese. Sie atmen klare Luft tief ein und aus. Sie atmen das Leben. Sie genießen den Moment.

So, und jetzt stellen Sie bitte andere Personen dazu. Die Personen, zu denen Sie eine Beziehung haben. Alle kommen nach und nach auf die Wiese. Und Sie weisen bitte jeder einzelnen Person einen Platz zu.

Nehmen Sie sich Zeit dafür. Überlegen Sie, wer da alles kommen wird, zu wem Sie in Kontakt stehen, mit wem Sie in irgendeiner Weise in einer Beziehung stehen. Weisen Sie allen Personen den Platz zu, den Sie für gut und angemessen halten:

- Ihrer Familie.
- Ihrem Ehepartner, wenn Sie einen haben.
- Ihren Eltern, Ihrer Mutter und Ihrem Vater. Ihren Geschwistern, wenn Sie welche haben, Bruder, Schwester, Kleinen und Großen.
- Ihren Kindern, wenn Sie welche haben, Sohn und Tochter, einer nach der andern.
- Ihren Enkeln, wenn Sie welche haben.
- Ihren Großeltern, wenn Sie noch welche haben.

Der Platz füllt sich so langsam.

Sie stehen immer noch in der Mitte, und Sie ordnen jedem und jeder einen Platz zu.

- Ihren Freunden, guten Freunden, weniger engen Freunden.
- Ihren Bekannten.
- Ihren Nachbarn.
- Ihren Kollegen, den sympathischen und unsympathischen.
- Ihren Vorgesetzten.
- Ihren Mitarbeitern.
- Ihren Bekannten aus der Gemeinde, vielleicht aus Ihrer Gruppe, in der Sie mitarbeiten.

- Aus dem Chor, aus dem Orchester, aus der Band.
- Aus der Handballmannschaft, aus dem Tennisclub, aus dem Fußballteam.
- Aus dem Gemeinderat.
- Aus anderen Gruppen und Kreisen, in denen Sie verkehren.

Die Wiese wird immer voller. Jeder Leser dieser Zeilen hat seine ureigene Wiese vor Augen. Jede Wiese ist ganz individuell. Jede Wiese sieht anders aus. Wenn Sie mögen – malen Sie diese Wiese nun einmal auf, wenigstens eine grobe Skizze:

Meine Beziehungswiese

»ICH«

Schauen Sie sich Ihre Wiese nun genau an, wahrscheinlich kommen nach und nach immer noch mehr Menschen dazu. Aber wir machen jetzt einmal eine Momentaufnahme:

- **Wer** ist bis jetzt dabei?
- Wie stehen Sie zu Ihren Mitmenschen?
- Wer steht Ihnen *am nächsten*?
- Wer steht *am weitesten von Ihnen weg*?
- Wen hätten Sie am liebsten auf die Nachbarwiese gestellt, am besten auf die frisch gedüngte ganz unten am Hang?
- Wer steht *über* Ihnen?
- Wer *unter* Ihnen?
- Wer steht auf jeden Fall *hinter* Ihnen?
- Wer ist Ihnen immer einen *Schritt voraus*?
- Wem drehen Sie den Rücken zu?
- Wem zeigen Sie die kalte Schulter?
- An wen wollen Sie vielleicht näher heran, aber Sie kommen nicht heran? Wie sehr Sie sich auch mühen, Sie schaffen es einfach nicht.

Es kann auch sein, dass Sie gar keine engen Beziehungen haben. Die allernächsten Personen stehen ziemlich weit weg. Auch das ist eine Entdeckung. Vielleicht weil Sie keine Zeit haben, keine Muße, keine Gelegenheit für feste Beziehungen. Der Job frisst Sie auf. Vielleicht müssen Sie immer repräsentieren, immer voll Amtsperson sein, aber sich einfach mal fallen lassen, einfach mal man selber sein – das geht nicht. Und das schafft Distanz. Das zu entdecken, kann schmerzlich sein.

Wir müssten uns jetzt unterhalten. Wir sollten uns austauschen über unsere eigenen Wiesen. Wenn Sie dieses Buch in einer Kleingruppe lesen und besprechen, dann tauschen Sie sich jetzt am besten miteinander über Ihre Wiesen aus. Führen Sie die andern auf Ihrer Wiese herum. Zeigen Sie ihnen Ihre Wiese.

Ich würde mir nur allzu gerne Ihre Bilder ansehen und ein bisschen über Ihre Wiese spazieren. Aber das geht jetzt nicht. Wir wollen uns aber jetzt **einige ganz wichtige Beziehungen** ansehen.

Und danach – das kündige ich jetzt schon an – danach machen wir noch eine ganz überraschende, eine verblüffende und eine irgendwie wunderbare Entdeckung.

Aber erst zu den entscheidenden Beziehungen:

1) Ihre Partnerschaft

Ich weiß nicht, an welchen Menschen Sie zuerst gedacht haben, als Sie Ihre Wiese bevölkert haben. Aber zweifellos gilt: Die Ehe ist die wichtigste Zweierbeziehung, die wichtigste zwischenmenschliche Beziehung.

Wenn Sie verheiratet sind, will ich Sie zuerst fragen: Wo steht Ihr Ehepartner bzw. Ihre Ehepartnerin?

Steht er oder sie direkt neben ihnen? Oder steht da jemand dazwischen? Da sollte niemand dazwischen stehen. Die Ehe ist die innigste Zweierbeziehung, die es zwischen Menschen auf dieser Welt überhaupt gibt. Zwei Menschen verlassen Vater und Mutter und werden ein Neues, ein Ganzes, »ein Fleisch«, wie die Bibel sagt. Verbindlich, verlässlich, öffentlich und ganz vertraulich! Da hat Sexualität ihren Platz. Das ist der geschützte Raum, wo sie aufblühen und gedeihen kann. Ein Garten, der bebaut und gestaltet werden kann, eben keine Wildnis, sondern ein geschützter Lebensraum.

Da passt niemand dazwischen! Nicht einmal die Kinder. Auch nicht Ihre Eltern, eben auch nicht die Schwiegermutter. Und schon gar keine Fremden.

Vielleicht tauschen Sie sich mit Ihrem Partner oder mit Ihrer Partnerin darüber aus. Malen Sie doch einmal beide Ihre Wiesen mit Ihren Beziehungen auf und dann vergleichen Sie! Das wird ein spannendes Gespräch, das verspreche ich Ihnen.

Ehepaar auf dem Sofa vor dem Fernseher:
Er: »Hast du was gesagt?«
Sie: »Nein, das war gestern!«

Vergessen Sie nicht, die Beziehung mit Ihrem Partner zu pflegen. Eine Beziehung braucht Begegnung und Gespräch. Regelmäßig! Und wenn sich die Regelmäßigkeit nicht von selbst ergibt, dann regeln Sie das: Vereinbaren Sie Ihre Begegnungen. Planen Sie Eheabende. Planen Sie Ihre Zeit zu zweit. Der Wortwechsel vor dem Fernseher, die Absprache zwischen Tür und Angel, aber auch der Austausch im größeren Kreis der Familie sind zu wenig. Sie brauchen Ihre Zeit zu zweit!

Eine kleine Übung für Ihr nächstes Treffen:

Halten Sie einmal fest, was Sie an Ihrem Partner bzw. an Ihrer Partnerin am meisten schätzen – und dann sagen Sie es ihm oder ihr, vielleicht verbunden mit einem Blumenstrauß oder einer anderen kleinen Überraschung:

_____

_____

_____

_____

Freilich, eine Partnerschaft muss man erst einmal haben. Viele sehnen sich danach. Viele haben diese Sehnsucht im Herzen, die brennt und die verzehrt. Es gibt allzu viele unfreiwillige Singles, die das vielleicht nicht immer zugeben. Das brauchen sie auch nicht. Die Sorge ist berechtigt: Finde ich einen, mit dem ich mein Leben teile? Bekomme ich auch eine, die mit mir lebt und für die ich da sein kann? Und ist's dann auch die oder der Richtige?

Die große Frage der Partnerwahl! Das ist eine der wichtigsten Entscheidungen im Leben, wichtiger noch als die Berufswahl, wobei sie durchaus etwas mit dem Thema der Berufung zu tun hat. Ich will an dieser Stelle nur sagen: Diese Entscheidung treffen Sie.

Entgegen der landläufigen Meinung, die Partnerfrage sei vor allem vom Gefühl bestimmt und eigentlich keine Entscheidung, und wenn, dann allenfalls eine Bauchentscheidung – entgegen dieser These will ich sagen: Die Partnerwahl ist eine sehr bewusste Entscheidung. Sie ergibt sich nicht einfach so, aus dem Verliebtsein heraus, nach dem Motto: »in sie verschossen und ihr erlegen«.

»Drum prüfe, wer sich ewig bindet ...«, heißt ein altes Sprichwort. Und ein bisschen was ist dran. Ich will es einmal so sagen: Prüfen Sie, welche Gefühle Sie zulassen wollen und welche nicht! Gefühle lassen sich steuern. Wir sind ihnen nicht ohnmächtig und hilflos ausgeliefert.

»Ich bin halt verliebt in ihn – da kann ich auch nichts machen.« Doch, Sie können etwas machen. Sie entscheiden. Und Ihre Entscheidung hat Folgen. Allzu oft höre ich diesen Satz: »Ich hab mich halt verknallt« – und damit soll alles entschuldigt werden, wenn es drauf ankommt auch ein Ehebruch, ein Vertrauensbruch, ein ganz egoistischer Weg.

Wissen Sie, verliebt zu sein, ist etwas Wunderbares. Gefühle sind etwas Großartiges und gewiss nichts Schlechtes oder gar moralisch Verwerfliches. Gefühle sind ein Geschenk des Himmels. Damit Sie sie aber voll genießen können, brauchen Sie einen Rahmen. Wer nur bauch- oder hormongesteuert in seine Beziehungen stolpert, macht garantiert eine Bauchlandung.

Prüfen Sie: Passt sie oder er zu mir? Was für Typen sind wir? Welche Eigenschaften haben wir? Haben wir gemeinsame Ziele? Haben wir gemeinsame Interessen? – Prüfen Sie es im Gespräch mit Menschen, denen Sie vertrauen. Prüfen Sie es vor Gott. Beten Sie um eine rechte Entscheidung!

Übrigens, das gilt nicht nur für junge Leute. Auch Alte und Ältere kann's ganz schön erwischen. Und wie! Sie kennen vielleicht die Rede von der alten Scheune: *»Wenn eine alte Scheune brennt, dann brennt sie lichterloh.«*

Es gibt aber auch Menschen, in denen brennt gar nichts mehr. Da ist die Sehnsucht schon vielen Enttäuschungen gewichen. Statt Brand nur noch Asche. Bitterkeit im Herzen. Sich damit abzufinden, Single zu sein – auch wider Willen – das ist nicht einfach. Allein zu bleiben und darin den eigenen Weg zu erkennen, fällt schwer.

Und dann sind da die Witwen und Witwer. Da wäre Platz direkt neben Ihnen auf Ihrer Wiese.

Aber der Platz ist leer. Schmerzlich leer. Es bleibt nur Erinnerung. Wie können wir damit umgehen?

Manche Ehe zerbricht! Es geht einfach nicht mehr. Es bleiben nur Bruchstücke. Wie damit weiterleben, auch mit dem Scheitern? Und was tun, wenn die Sehnsucht nach einem Partner bleibt?

All diese Fragen gehören zur engsten Beziehung, der Partnerschaft. Wir begnügen uns damit, Fragen zu stellen und aufzuwerfen. Sie alle beantworten zu wollen, wäre vermessen. Aber bewegen Sie die Fragen weiter, die Sie für wesentlich halten. Sie wissen ja: Sie selbst schreiben dieses Buch weiter. Wie Sie das tun, ist ganz Ihnen überlassen. An dieser Stelle soll nur Raum sein für die Fragen rund um das Thema »Ehe«, die Sie am meisten bewegen:

_____

_____

_____

_____

2) Ihre Familie

Sie ist Keimzelle allen Lebens. Die elementare Form des Zusammenlebens, in dem wir ein Zuhause haben von der Geburt bis zum Tod. Jeder und jede von uns stammt aus einer Familie. Wenn Ehen und Familien gesund sind, ist eine Gesellschaft gesund. Und wenn sie nicht gesund sind, wird eine Gesellschaft krank. Aber die Beziehungen in der Familie sind eine Herausforderung:

Da ist zunächst die Beziehung zu den Eltern und Großeltern. Für sie haben wir eines der Zehn Gebote: Ehren sollen wir sie!

Gerade dann, wenn sie alt und grau und schwach und krank werden: die Eltern in ihrer Würde achten und ehren. Darauf liegt die Verheißung eines langen Lebens. Aber immer wieder gibt es Streit. Das kommt in den besten Familien vor. Und beim besten Willen – das Ehren fällt schwer. Was tun? Wie wird Versöhnung möglich? Wieder so eine Frage, die wir nicht einfach beantworten können.

Dann ist da die Beziehung zu Geschwistern. Wohl dem, der Geschwister hat! Da lernt man das Streiten. Sich durchzusetzen, einander anzunehmen, zu verzeihen. Familie ist ein Segen. Diese Beziehung bleibt, wenn viele Freundschaften sich längst wieder verflüchtigt haben. Aber die Familie kann auch zur Last werden. Hier gibt es Hierarchien, feste Regeln, festgefahrene Rollen. Ich hab den Schrei schon von manchen gehört: »Ich bin ein Familienmitglied – Hilfe, holt mich hier raus!«

Dann tut Distanz gut, keine endgültige Trennung, aber damit es nicht zum Bruch kommt, braucht es Abstand. Am besten räumlich und zeitlich. Es ist etwa für erwachsen gewordene Geschwister, Cousins und Cousinen nicht nur gut, wenn man auf engstem Raum beieinander wohnt und sich täglich über den Weg läuft. Manche Beziehung lässt sich leichter und entspannter gestalten, wenn ein gewisser Abstand eingehalten wird. Begegnungen werden ungezwungener, freiwilliger, man ist einander zugewandter und offener. Und man kann gehen, sich zurückziehen, um sich später wieder neu zu begegnen. Ein gesunder Rhythmus wird möglich. Bei manchen Familien, insbesondere im ländlichen Bereich, ist das schwer möglich. Zu nahe wohnt man beieinander, und das seit Generationen.

Freilich leiden viele Familien auch unter dem Gegenteil: Die erwachsenen Kinder und die Geschwister sind in alle Winde zerstreut. Die Globalisierung macht auch vor Familien nicht halt. Berufliche Verpflichtungen fordern Mobilität und Flexibilität. Was so modern und faszinierend klingt, ist nicht immer familienfreundlich. Familientreffen konzentrieren sich dann auf Weihnachten und Ostern, wenn es hoch kommt. Wie kann auch über allzu große Distanzen hinweg Familie gelebt werden? Eine große Herausforderung!

Dann ist da die Beziehung zu den Kindern. Da haben wir Verantwortung. Erziehung lässt sich nicht delegieren, weder an den Kindergarten oder an die Schule noch an den Staat. Erziehung ist und bleibt zuallererst Elternsache. Und das ist gut so!

Aber wie schaffen wir das? Können wir dieser Aufgabe überhaupt gerecht werden? Kindern Freiräume zur Entfaltung geben, zur Entwicklung ihrer Persönlichkeit, und zugleich, ja gerade deshalb Grenzen setzen. Wie ist hier das Maß zu halten? Kinder lieben und lieben und nochmals lieben – wie geht das konkret? Ihnen beizustehen und sie zugleich ziehen zu lassen, sie zu unterstützen und ihnen zu helfen und sie zugleich selbstständig werden zu lassen, sie zu beschützen und sie zugleich ihre eigenen Erfahrungen machen zu lassen, sie zu verteidigen und sie zugleich zu strafen, wo nötig – wie schaffen wir das? Erziehung ist eine Herausforderung, über die sich abendfüllend sprechen und Bücher füllend schreiben ließe.

Machen wir es wie im letzten Abschnitt: Halten Sie für sich die Fragen fest, die Sie im Blick auf Ihre Familie und Ihre Beziehungen dort für wesentlich halten:

_____

_____

_____

_____

3) Ihre Freunde

Wohl dem, der Freunde hat! Eine gute Freundschaft ist ein Geschenk. Verlässliche, treue Freunde! Sie stehen zu mir, auch wenn's schwierig wird. Sie kommen und hören zu. Sie packen mit an. Sie gehen durch dick und dünn. Ein Freund ist einer, mit dem ich reden kann. Eine Freundin ist eine, mit der ich lachen kann. Ein Freund ist jemand, mit dem man auch beten kann. Wie gesagt: Wohl dem, der Freunde hat!

Aber auch unter Freunden gibt es Neid und Streit. Die Sucht des Vergleichens. Überall, in jeder Beziehung geht es uns wie den Jüngern. Wir fragen immer wieder: Wer wird der Größte sein? Insgeheim, so ganz für uns, wollen wir doch selber mehr sein, über dem andern stehen, auch wenn wir ihn noch so schätzen, ehren und lieben. Es ist zum Verzweifeln. Ein bisschen, wenigstens ein bisschen über den andern wollen wir stehen. Wir wollen jemand sein. Wir wollen etwas gelten. Nein, das ist nicht von Grund auf schlecht. Aber doch belastet es unsere Beziehungen.

Schreiben Sie einmal auf, wen Sie zu Ihren Freunden zählen. Wer ist nicht nur ein Bekannter oder eine Bekannte, nicht nur Weggefährte, Kollege, Kumpel, Mitschüler, Nachbar, sondern ein echter Freund?

_____

_____

_____

Darüber hinaus gibt es noch eine ganze Reihe von Beziehungen zu Kollegen, zu Kunden, zum Chef, alle Arten von Geschäftsbeziehungen, die Beziehung zum Arzt, die Nachbarschaft, die regelmäßigen Begegnungen an der Tankstelle, im Supermarkt, beim Bäcker. Überall gibt es die, die uns sympathisch sind, die wir mögen und mit denen wir gut auskommen, und es gibt die andern, die uns auf den Geist gehen, denen wir die kalte Schulter zeigen, die wir am liebsten in einem Erdloch verschwinden lassen würden. So ist das eben in unserem Beziehungsnetz.

So stehen wir jetzt da. Immer noch Sie und ich, jeder auf seiner Wiese mit unseren engen und weiteren Beziehungen. Vielleicht stehen Sie mitten im Chaos, im Beziehungschaos. Vielleicht haben Sie Fragen, offene, zermürbende Fragen. Vielleicht freuen

Sie sich einfach auch an dem Beziehungsreichtum, der Ihnen geschenkt ist.

Aber wenn Sie so dastehen auf Ihrer Wiese, dann will ich Sie ein letztes Mal um etwas bitten: Sehen Sie bitte noch einmal auf! Blicken Sie nach oben, den Hang hinauf! Wenn Sie genau hinsehen, dann entdecken Sie eine Überraschung. Sie machen eine verblüffende Entdeckung! Völlig unerwartet ist das, aber es ist so:

Eine verblüffende Entdeckung ...

Oben am Hang, über Ihrer Wiese, da steht ein Kreuz. Sie haben es bislang noch gar nicht bemerkt. Aber plötzlich fällt es Ihnen wie Schuppen von den Augen: Ihre Wiese, Ihre persönliche Beziehungswiese, ist ganz nahe an Golgatha.

Lassen Sie sich das einfach zusagen – und malen Sie das Kreuz in Ihr Bild! Es steht oben am Hang über Ihrer Wiese.

All Ihre Beziehungen erscheinen nun in einem andern Licht. Alle stehen im Licht des Kreuzes. Sehen Sie Jesus an. Wenden Sie sich ihm zu. Wenn Sie bislang nicht nach oben gewendet stehen, drehen Sie sich um. Richten Sie sich nach ihm aus!

Er, der Gekreuzigte, geht nun umher. Vom Kreuz her kommt er auf Sie zu. Er betritt Ihre Wiese. Er geht von Mensch zu Mensch. Er spricht mit jedem und mit jeder. Sogar mit dem Nachbarn, mit dem Sie seit 15 Jahren kein Wort mehr reden und den Sie so weit weg ganz an den Rand zur Nachbarwiese gestellt haben. Er hört zu. Er hilft weiter. Er reicht jedem die Hand. Er versöhnt sie alle mit sich. Die Schuldigen, die Unsozialen, die Betrügerin, den Reichen, den fünffachen Familienvater, die Alleinerziehende und die Angesehenen im Ort. Er macht keinen Unterschied. Auch Ihrem Bruder reicht er die Hand, dem, den Sie so beneiden. Allen reicht er die Hand. Vor einigen kniet er nieder; er wäscht ihnen die Füße. Er lässt sich Zeit, offensichtlich hat er alle Zeit der Welt. Er ist sich nicht zu schade dafür. Er lässt sich sogar beschimpfen.

Er drängt sich keinem auf. Aber er geht von einem zum andern. Er hilft auf, klopft auf die Schulter, er macht Mut. So geht er durch die Reihen.

Ist das nicht beschämend? Es gibt einen, der allen dient.

Und dann kommt er zu Ihnen. Auch Sie sieht er an. Auch Ihnen reicht er die Hand. Auch Ihnen hört er zu. Wen Sie so sehr beneiden, wer Ihnen so auf die Nerven geht – er versteht es. Wem Sie nichts Gutes wünschen, wen Sie an den Rand gedrängt haben, wen Sie verletzt haben – auch das weiß er. Er weiß es ganz genau. Wen Sie unterdrückt und wen Sie übervorteilt haben, wen Sie ausgebremst und ausgetrickst haben, über wen Sie »geherrscht« haben – er sieht es. Und doch sieht er Sie nicht strafend und vorwurfsvoll an. Sein Blick ruht auf Ihnen, aber er stellt Sie nicht bloß. Eigenartig, wie liebevoll er Sie ansieht. Und er vergibt Ihnen. Auch vor Ihnen kniet er nieder. Auch Ihnen dient er.

Und er sagt: »Mach es genauso! In der Welt herrschen sie übereinander ... ihr aber nicht so!«

Er verlässt Ihre Wiese nicht. Er bleibt da – mitten in Ihren Beziehungen, in allen Fragen, in allem Zerbrechen, in aller Schuld. »Denn ich bin euer Diener«, sagt er. Jesus macht Versöhnung möglich. Wenn er die Hand reicht, warum nicht auch ich?

Diese Beziehung bleibt, die Beziehung zu Jesus. Irgendwann werden alle andern verschwinden. Irgendwann sind alle weg. Irgendwann stehen Sie allein auf Ihrer Wiese. Irgendwann enden alle irdischen Beziehungen. Irgendwann müssen Sie alle loslassen. Irgendwann sind alle anderen wieder weg, alle, die im Laufe Ihres Lebens Ihre Wiese betreten haben, alle, denen Sie einen Platz zugewiesen haben. Irgendwann gehen sie alle. Irgendwann stehen Sie wieder allein auf Ihrer Wiese. Nur noch Sie sind da. Nur noch Sie – Sie und Jesus.

Ich lebe

Du bist mein Vater,
du hast mich gemacht.
Du bist mein Retter,
du hast mich befreit.
Du bist mein Heiland,
du gabst dich für mich.
Du bist mein Leben,
du lebst heut in mir.

Ich lebe, ich atme, ich danke dir.
Ich lobe, ich singe, ich red von dir.
Ich liebe, ich diene, ich leb für dich.
Denn du, Herr, bist alles, bist alles für mich.

Ich bin dein Geschöpf,
ich freu mich an dir.
Ich will dein Kind sein,
ich lebe durch dich.
Ich bin neu geschaffen,
ich lebe so gern.
Ich bleibe bei dir,
ich preis dich als Herrn.

Ich lebe, ich atme, ich danke dir.
Ich lobe, ich singe, ich red von dir.
Ich liebe, ich diene, ich leb für dich.
Denn du, Herr, tust alles, tust alles für mich.

Text: Steffen Kern
Melodie: Matthias Hanßmann
© cap-music, 72 221 Haiterbach-Beihingen

Warum bin ich so allein?

Herzlichen Glückwunsch, dass Sie dieses Buch noch in der Hand haben und es lesen! Das will ich zwischendurch einfach einmal sagen. Es könnte ja auch sein, dass Sie stattdessen vor der Flimmerkiste sitzen und Zeuge irgendwelcher abstruser Kakerlaken-Exzesse in Dschungel-Shows oder der neuesten Schmuddel-Geschichten aus dem Container werden. Es ist doch zum Schreien, oder? Würmer essen, mit Schlangen baden und Spinnen küssen – dieser Stumpfsinn macht Quote. Ich bin zwar kein Star, aber mir liegt dann und wann im Medien-Dschungel der Ruf auf den Lippen: Bitte lasst mich da raus! Aber so ist das eben, gezeigt wird, was gefällt. Schelten wir nicht nur die Programmmacher. Wir, die Zuschauer bestimmen, was gesendet wird. Die Nation sitzt vor der Glotze und macht ein dummes Gesicht.

Zehn Jahre vor der Glotze

Haben Sie schon mal eine Familie beim Fernsehen beobachtet? Von vorne, meine ich, aus der Perspektive des Fernsehgerätes. Es gibt ja kaum einen so trostlosen Anblick wie diesen! Vater, Mutter, Kind sitzen kauend vor der Kiste. Chips, Cola und Bier auf dem Tisch. Ihre Gesichter schimmern bläulich; und sie sehen ziemlich apathisch aus, irgendwie abwesend blicken sie teilnahmslos ins Leere; die Mundwinkel fallen nach unten, das ist so der kollektive Griesgram-Gesichtsausdruck.

Nun bietet das Fernsehen gewiss auch gute Unterhaltung, keine Frage. Aber echt bedenklich ist der Umstand deshalb, weil wir ja nicht nur mal 15 Minuten nebenbei fernsehen. Der Durchschnittsbürger in Deutschland sitzt 193 Minuten pro Tag vor dem Fernseher. Das sind 3 Stunden und 13 Minuten. Die Statistiken schwanken dabei leicht, aber dieser Wert bleibt einigermaßen konstant. Wenn man das hochrechnet auf ein Lebensalter von

75 Jahren, dann heißt das: Wir verbringen über zehn Jahre unseres Lebens vor der Glotze! Heftig, oder?

Dabei gibt es kein treffenderes Bild für das Alleinsein. Millionen sehen sich eine Fernsehsendung an. Aber jeder tut es für sich. Vielleicht sitzen wir sogar nebeneinander auf dem Sofa. Aber jeder ist allein mit sich und seiner Fernsehwelt. Auf den ersten Blick sind wir zusammen, eine Fernsehgemeinde, wir sitzen gemeinsam da, wir teilen das Wohnzimmer und die Chipstüte, und doch bleibt jeder für sich allein. Darum meine erste Frage, die ich Ihnen hier stellen möchte: Kann es sein, dass wir gemeinsam einsam sind?

Gemeinsam einsam?

Nicht nur vor dem Fernseher. Das ist vielleicht nur ein Signum für unsere Gesellschaft. Auch für andere Gemeinschaften gilt das. Denken Sie doch einmal an die Gemeinschaften, in denen Sie leben.

Zum Beispiel Ihre Arbeitsgemeinschaft. Im Büro oder in der Werkstatt oder wo auch immer: Haben Sie eine gute Beziehung zu Ihren Kollegen? Wie ist das: Wie viele Beziehungen gehen wir denn nur deshalb ein, weil wir uns einen persönlichen Nutzen davon versprechen? Was wird nicht alles geheuchelt, gefoppt und gemobbt in unsern Firmen! Und umgekehrt spüren wir das doch auch: wenn die andern nur freundlich zu uns sind, weil sie sich einen Vorteil versprechen. Es gibt zu viele Speichellecker unter uns, zu viele Schleimer und Nach-dem-Mund-Redner. Wir haben viel zu viele Einzelkämpfer, aber kaum echte Teamplayer. Die Folge ist: Wir sind allein, gemeinsam einsam. – Was fällt Ihnen dazu ein?

_____

_____

_____

Übrigens, je weiter wir die Karriereleiter hinaufsteigen, desto einsamer wird es. An der Spitze ist es einsam. Wenn Sie Chef oder Leiter von einem Betrieb oder einer Abteilung sind, kennen Sie das vielleicht.

Aber nicht nur für die Berufswelt gilt diese Frage. Prüfen Sie einmal Ihre Hausgemeinschaft: Kennen Sie alle Ihre Nachbarn? Und wenn ja, wie gut kennen Sie sie? Ist es wirklich eine Gemeinschaft, oder sind Sie gemeinsam einsam? Es macht gewiss einen Unterschied, ob Sie in einem hübschen Einfamilienhaus auf dem Dorf wohnen oder in einem großen Wohnblock in der Stadt. Aber ganz gleich, wo Sie wohnen, machen Sie doch einmal den Nachbarschafts-Check.

Wie viele Nachbarn kennen Sie mit vollständigem Namen, Vor- und Zuname? Von wie vielen wissen Sie Beruf und Familienstand? Von wem kennen Sie den Geburtstag? Welche bestimmten Interessen hat er oder sie? Und was beschäftigt ihn oder sie derzeit besonders – beruflich, familiär, gesundheitlich, persönlich?

Ihr Nachbarschafts-Check:
Wie gut kennen Sie Ihre Nachbarn?

Für wie viele Ihrer Nachbarn können Sie diese Fragen beantworten?

Vor- und Nachname: _____

Alter: _____

Beruf: _____

Familienstand: _____

Geburtstag: _____

Besondere Interessen: _____

Was beschäftigt ihn/sie gerade besonders? _____

Welches Buch liest er/sie? _____

Woran glaubt er? _____

Dann ist da Ihre Familiengemeinschaft: Wie eng leben Sie zusammen mit Ihren Eltern, mit Ihren Kindern und Ihren Geschwistern? Oder Ihre Freundschaften: Was wissen Sie wirklich voneinander? Leben Sie wirklich eine Gemeinschaft oder sind Sie gemeinsam einsam? Am schärfsten trifft die Frage wohl unsere Ehegemeinschaft und Partnerschaft: Wie nahe stehen wir uns eigentlich noch? Haben wir uns auseinandergelebt? Haben wir eine gemeinsame Tiefe, teilen wir miteinander, was uns im Innersten bewegt – oder ist das Leben oberflächlich geworden?

Gemeinsam einsam? – Das ist die große Frage. Und es ist die große Furcht: Wenn's drauf ankommt, bin ich allein.

Da ist ein kleiner Junge auf dem Schulhof. Max heißt er; er ist acht Jahre alt. Er ist der in der Klasse, der von den andern ständig gehänselt, ausgelacht und ausgegrenzt wird. Kinder können so grausam sein. Gnadenlos! In jeder Gruppe gibt es mindestens einen, der der Doofe ist. So einer ist Max. Und einmal – gleich nach Schulschluss – da schubsen sie ihn hin und her. Max stolpert und fällt hin. Dabei geht sein Schulranzen auf, und seine Hefte fallen heraus, direkt in eine Pfütze. Die andern stehen um ihn herum und lachen ihn aus. Einer drückt ihn sogar noch mit dem Fuß auf den Boden und kickt gegen den Schulranzen, so dass alles kreuz und quer im Dreck liegt. Dann laufen sie johlend davon, und zurück bleibt der kleine Max. Er kann nur noch heulen und schreien. Max erfährt grausam, was es bedeutet, allein zu sein.

Wenn's wirklich drauf ankommt, dann bin ich allein! Aber nicht nur Kindern geht es so. Das Alleinsein geht weiter. In der Schule, in der Ausbildung, im Studium, im Beruf. Eine Prüfung folgt auf die andere. Natürlich sitzen wir im Klassenzimmer oder im Studienzimmer mit andern zusammen. Und wenn's gut geht, lernen wir auch zusammen und bereiten uns gemeinsam vor.

Aber die Prüfung muss ich ganz alleine schreiben. Das Vorstellungsgespräch muss ich ganz allein durchstehen. Für die Note bin ich allein verantwortlich. Die Leistung muss ich bringen, ich allein.

Und wenn uns dann die Gesundheit verlässt, wenn wir krank werden, richtig krank, dann merken wir noch einmal viel tiefer, was das bedeutet: allein zu sein. Ich liege nicht allein im Krankenzimmer. Ich bekomme sogar Besuch im Krankenhaus. Ich habe sogar Menschen, die an mich denken und mich grüßen und mir das Beste wünschen. Aber die Krankheit, die hab ich ganz allein. Der Krebs lässt sich nicht teilen, Diabetes, Bluthochdruck und alles andere auch nicht. Auch die Schmerzen, die hab ich ganz allein, da hilft alles Mitgefühl nichts und Mitleid schon gar nicht. Wenn die Operation kommt, dann muss ich da allein durch, ich ganz allein.

Allein sein – Ihre persönlichen Erlebnisse

Lassen Sie einmal Ihr Leben Revue passieren, denken Sie zurück und überlegen Sie: Welche Situationen fallen Ihnen ein, in denen Sie allein waren? Wann und wo haben Sie Einsamkeit erfahren? Wie haben Sie das erlebt? Was haben Sie gedacht, was empfunden? – Wenn Sie dieses Buch in einer Gruppe zusammen lesen, tauschen Sie sich darüber aus.

_____

_____

_____

_____

_____

»Die Kreuzwege des Lebens gehen wir allein«

Reinhard Mey, der alte Songpoet, bringt es in einem seiner Lieder auf den Punkt:

Allein.
Wir sind allein.
Wir kommen und wir gehen ganz allein.
Wir mögen noch so sehr geliebt,
von Zuneigung umgeben sein:
Die Kreuzwege des Lebens geh'n wir immer ganz allein.
Allein.
Wir sind allein.
Wir kommen und wir gehen ganz allein.

»Die Kreuzwege des Lebens geh'n wir immer ganz allein.« Wenn das wirklich so ist, wie gehen wir dann damit um? Wie können wir das Alleinsein bestehen? Und ist das wirklich unsere einzige letzte Aussicht: in alle Ewigkeit mutterseelenallein?

Die Bibel erzählt uns auch von einem Mann, der total allein war. Ich möchte Ihnen diese kurze Geschichte vorstellen. Sie steht im Johannesevangelium, einem Buch der Bibel im Neuen Testament.

Danach ging Jesus zu einem der jüdischen Feste nach Jerusalem hinauf. Innerhalb der Stadtmauern, in der Nähe des Schaftores, befindet sich ein Teich mit fünf Säulenhallen, der auf Hebräisch Bethesda genannt wird. Scharen von kranken Menschen – Blinde, Gelähmte oder Verkrüppelte – lagen in den Hallen. Einer der Männer, die dort lagen, war seit achtunddreißig Jahren krank. Als Jesus ihn sah und erfuhr, wie lange er schon krank war, fragte er ihn: »Willst du gesund werden?« »Herr, ich kann nicht«, sagte der Kranke, »denn ich habe niemanden, der mich in den Teich trägt, wenn sich das Wasser bewegt. Während ich noch versuche hinzugelangen,

steigt immer schon ein anderer vor mir hinein.« Jesus sagt zu
ihm: »Steh auf, nimm deine Matte und geh!« Im selben Augen-
blick war der Mann geheilt! Er rollte die Matte zusammen und
begann umherzugehen.

Johannes 5,1-9a

Dieser Mann ist wirklich allein, total allein. 38 Jahre lang ist er
schon krank, eine unglaublich lange Zeit. Wir jammern ja schon,
wenn uns mal eine Grippe zehn Tage flachlegt. Dieser Mensch ist
seit 38 Jahren krank; damals mehr als ein halbes Menschenleben
lang. Der Schreiber Johannes erinnert damit auch an die 38 Jahre
Wüstenwanderung, die das Volk Israel erlebt hat, die Zeit vor
dem Einzug ist das gelobte Land. Diese Geschichte wird im Alten
Testament erzählt (vgl. 5. Mose 2,14). Diese Parallele unterstreicht
nachdrücklich: Hier erlebt ein Mann 38 Jahre Wüste.

So lange sitzt er schon an diesem Teich, an dem sich die Kranken treffen. Diesen Teich Bethesda hat man übrigens erst in den
Dreißigerjahren des letzten Jahrhunderts ausgegraben. Er wurde
nördlich des Tempels gefunden: ein Doppelteich mit zwei Becken
und zusammen zirka 5000 Quadratmetern Oberfläche; das entspricht etwa der Größe eines Fußballfeldes. 13 Meter tief waren
sie. Vier Hallen umgaben diese Anlage, und mittendrin, auf einer
6,5 Meter dicken Trennmauer stand die fünfte Halle. Hier lagen
die Kranken. Was dort genau geschah, wissen wir nicht. Jedenfalls hofften Kranke auf ein Wunder. Immer wenn das Wasser
sich bewegte, sprangen sie hinein und hofften, gesund zu werden.
Das war ihre letzte Hoffnung, dieser Wunderteich in Jerusalem.

Nur, dieser Mann hat ein Problem: Er ist gelähmt, er kann
sich nicht bewegen, und er hat keinen Menschen, der ihm helfen
würde. Er sagt es zu Jesus: »...denn ich habe niemanden...« Martin
Luther übersetzt wörtlich: »Herr, ich habe keinen Menschen...«
(Johannes 5,7; L). Wie viel Verbitterung, wie viel Schmerz und
Enttäuschung stecken in diesem Satz: »Einen Menschen habe ich
nicht!«

Immer, wenn das Wasser sich bewegt, ist er zu langsam. Er schafft es nie ins Wunderbecken.

Dieser Mann erlebt es bitter: Wenn's wirklich drauf ankommt, ist er allein. Mehr noch: Er ist total einsam. Er ist völlig verlassen. Verlassen von Gott und der Welt. Kein Mensch, der ihm hilft. Verlassen von allen Menschen. Und wenn dort wirklich Wunder geschahen an diesem Teich, dann war dieser Mann auch *von Gott* verlassen.

Das Schlimmste ist, verlassen worden zu sein

Wissen Sie, allein zu sein, ist hart. Einsam zu sein, ist schwer. Aber das Allerschlimmste ist es, verlassen zu sein. Wenn Sie einmal verlassen worden sind, wissen Sie, wovon ich rede. Wer von seinem Ehepartner verlassen wurde, vielleicht sogar zuvor betrogen und belogen, weiß um diesen Schmerz und kennt die Wut, vielleicht auch die Verbitterung. Wer von einem lieben Menschen verlassen wurde, wer für immer Abschied nehmen musste, wer in tiefer Trauer ist, wer diesen Riss in der Seele spürt, der ahnt etwas davon, was Verlassensein bedeutet.

Aber sehen Sie, selbst in der tiefsten Verlassenheit ist noch eine Begegnung möglich, auch am absoluten Tiefpunkt. So ergeht es diesem Mann. Er ist total am Ende, völlig verlassen, seit Jahrzehnten. Dann begegnet ihm Jesus. Sein Tiefpunkt wird zum Treffpunkt mit Gott.

Natürlich stellt sich die Frage: Wie ist das denn für uns heute überhaupt möglich, eine Begegnung mit Jesus? Schließlich geht er heute nicht mehr durch unsere Straßen, auch nicht durch unsere Krankenhäuser. Kann er in meine Verlassenheit kommen?

Antwort: Ja, das kann er, weil er die tiefste Verlassenheit, die es gibt, durchschritten hat, den Tod. Christen glauben nicht an einen Gott, der nur irgendwo im Himmel wohnt, fernab von dieser Welt auf Wolke sieben. Nein, wir erzählen von dem Gott, der den Himmel verlassen hat, der auf diese Erde heruntergekommen ist, der Mensch geworden ist wie wir, gelebt und gelitten hat wie wir, allein war wie wir, einsam war wie wir und wie wir verlassen war. Das ist Jesus Christus, der Sohn Gottes.

In einem stinkenden Stall in Bethlehem ist er geboren. Da ist er in den Dreck dieser Welt gekommen. Hier hat er gelebt und hat nur Gutes getan. Aber die Welt hat ihn nicht ertragen können, ihn, der nur Gutes getan und geholfen und Kranke geheilt hat. Deshalb haben sie ihm nachgestellt, haben ihn verfolgt und ihn gefangen genommen. Einen schmutzigen Prozess haben sie ihm gemacht. Dann haben sie ihn genommen, den Sohn Gottes, und ans Kreuz geschlagen. Verspottet, verlacht, verhöhnt, so wurde er hingerichtet. Er war der am meisten Verachtete, so hing er da am Kreuz. Kurz vor seinem Tod hat er mit letzter Kraft zu seinem Vater im Himmel geschrien: »Mein Gott, mein Gott, warum hast du mich verlassen?«

Jesus hat die tiefste Verlassenheit erlebt, die absolute Beziehungslosigkeit, das totale Alleinsein – das ist der Tod. Dafür steht das Kreuz. Da ist er gestorben. Und deshalb sind wir auf unseren Kreuzwegen nicht mehr allein. Nein, Reinhard Mey hat letztlich doch nicht recht: Die Kreuzwege des Lebens müssen wir nicht allein gehen. Jesus geht sie mit. Wir sind nicht allein.

Mit dem Glauben ist es wie mit einem Sonnenaufgang

Keiner kann uns so nahe sein wie Jesus. Nur er, der Sohn Gottes, kann es; denn er ist uns ganz nahegekommen. Kein Religionsstifter dieser Welt geht mit uns durchs Leben und durchs Sterben. Deshalb ist der christliche Glaube auch nicht irgendeine Philosophie oder Weltanschauung, nicht nur eine Denkweise, sondern eine Lebensweise, eine Lebensart. Glauben heißt: sich von Jesus an die Hand nehmen zu lassen und mit ihm durchs Leben gehen. Der Gekreuzigte selbst geht mit uns.

Logisch kann ich Ihnen das nicht überzeugend darlegen. Das ist die Grenze des Glaubens. Aber wer zu glauben wagt, wer Vertrauen fasst, wer erste Schritte tastend vorangeht, erfährt seine Kraft und erfährt die Nähe Gottes. Sie ist zu beschreiben und zu bezeugen, aber nicht letztlich überzeugend mit Argumenten darzulegen. Mit dem Glauben ist es wie mit der Schönheit eines Sonnenaufgangs. Man kann einem Menschen mit verbundenen Augen das Ereignis geophysikalisch treffend beschreiben – er wird durch diese Darlegung jedoch die Schönheit nicht begreifen und erfassen können, solange er nicht selber sieht. Unser Denken ist blind für die Wunder des Lebens. Aber unser Herz hat Augen, die zu sehen vermögen.

Jesus kommt uns so nahe, wie uns kein Mensch sonst kommen kann. Ohne ihn bleiben wir allein. Wir können allein sein mitten unter tausend Menschen, so wie dieser Mann unter vielen andern allein war; allein am Teich, allein im Fußballstadion, allein auf der Einkaufsmeile. Aber nicht nur in der Masse – wir können auch allein sein in unseren Familien, in unseren Ehen und Freundschaften, in den ganz persönlichen Beziehungen. Wir haben das oben schon gesehen: »gemeinsam einsam«. Auseinandergelebt. Es gibt Konflikte. Es kommt zum Streit. Wir werfen uns alles Mögliche und Unmögliche an den Kopf, wenn's nur böse Worte sind, kann man von Glück reden. In jedem Fall werden wir schuldig aneinander. Irgendwann ist alles kaputt. Nichts geht mehr. Point of no return. Eine Umkehr scheint nicht mehr möglich. Die Beziehung ist gestört, Gemeinschaft ist zerbrochen.

Genau diesen Umstand nennt die Bibel »Sünde«. »Sünde« hat nichts mit Schwarzwälder Kirschtorte zu tun, mit zu vielen Kalorien oder nur mit Sex. Das alles sind fatale Verkürzungen. Dieses alte Wort »Sünde« bedeutet nichts anderes als gestörte Beziehung, zerbrochene Gemeinschaft, Trennung von Menschen und Trennung von Gott. Und die Folge ist: Wir sind allein. Wir erleben es, wir erleiden es, aber in uns tragen wir eine tiefe Sehnsucht nach echter Gemeinschaft, nach Geborgenheit, nach intakter Beziehung. Aus tiefstem Herzen sehnen wir uns nach einer Beziehung, die unser Alleinsein überwindet. Wir sehnen uns nach einer Gemeinschaft, die unsere Einsamkeit überwindet. Wir brauchen

> Unser Denken ist blind für die Wunder des Lebens. Aber unser Herz hat Augen, die zu sehen vermögen.

einen Partner, der unsere Verlassenheit durchbricht, der uns versteht und dem wir vertrauen.

Partner gesucht

Partner gesucht – das steht nicht nur über Partnerschaftsanzeigen in der Zeitung. Das steht letztlich über unserem Leben: Wir suchen einen echten Partner. Es ist ja ganz interessant: Wenn Sie das Lexikon aufschlagen und suchen, was Partner bedeutet, dann finden Sie da vor allem zwei Bedeutungen: Mitspieler und Teilhaber.

Ein Partner ist erstens ein Mitspieler. Mitspieler – solche Partner werden wir immer finden. Mitspieler beim Tennis, beim Schach, bei Spielen aller Art. Auch im Spiel des Lebens finden wir Mitspieler: für die langweiligen und spannenden, für die abenteuerlichen und gefährlichen Spiele, für Geschäfte, für schnellen Sex, für ein bisschen Unterhaltung. Mitspieler finden wir.

Aber wie ist das mit Teilhabern? Finden wir auch Teilhaber? Wer nimmt an meinem Leben wirklich teil? Und wer gibt mir Anteil an seinem Leben? Wer freut sich ehrlich und aufrichtig mit mir ohne Neid und Missgunst und ohne Hintergedanken? Wer leidet mit mir, wenn's mir schlecht geht? Wer versteht mich? Wem kann ich voll und ganz vertrauen? Auf wen ich kann ich mich verlassen? Darf ich Sie einmal fragen: Haben Sie solche Partner, nicht nur Mitspieler, sondern Teilhaber Ihres Lebens?

Prüfen Sie das einmal für sich und halten Sie diese wertvollen Namen fest:

_____

_____

_____

Ich wünsche es Ihnen sehr. Wohl dem, der solche Menschen hat, Teilhaber, echte Lebens-Partner!

Aber letztlich sind wir Menschen begrenzt in unserer Teilhabe. In den entscheidenden Lebenssituationen können wir nicht an die Stelle des andern treten. Letztlich sind wir allein. Es gibt nur einen, der ganz an unserem Leben teilhat und ganz für uns eintritt: Dieser Partner ist Jesus Christus.

Er teilt mein ganzes Leben mit mir: gute Zeiten, schlechte Zeiten. Er ist immer bei mir: im Lachen und Weinen. Er geht mit durch Hochs und Tiefs. Er nimmt mein Leben als seines und gibt seines für mich. Am Kreuz, da hat er alles gegeben für mich, sich selbst. So überwindet er die »Sünde«, unsere Trennung von Gott. Und an Ostern, da hat er alles gewonnen für mich: ewiges Leben! Er ist ja nicht im Tod geblieben. Er ist auferstanden und lebt. Jesus Christus ist der beste Partner für unser Leben: Keiner kann uns näher sein. Keiner geht so mit uns, sogar durch den Tod. Keiner sonst schenkt uns ewiges Leben und lässt uns ewig nicht allein.

Vielleicht sagen Sie ja: »Schön und gut, aber was bringt es mir schon, wenn Jesus bei mir ist? Wenn ich krank bin, dann lieg trotzdem ich im Krankenbett.«

Jesus auf der Intensivstation?

Ja, das stimmt. Aber ich will Ihnen ein persönliches Erlebnis erzählen. Ich war im Krankenhaus und habe eine schwer kranke Frau besucht. Sie stand mir sehr nahe. Sie lag dort auf der Intensivstation. Ihr Zustand war kritisch. Wir mussten das Schlimmste befürchten. Die Ärzte wussten nicht mehr weiter. Ihre Ratlosigkeit zu spüren, ließ uns erschrecken und eine schlimme Ahnung in uns aufsteigen, die Angst, dass sie uns bald verlassen würde.

Wissen Sie, diese Frau war eine glaubende Frau. Dennoch hatte sie Angst, sehr große Angst sogar; manchmal war sie richtig verzweifelt – und ihre Angehörigen am Krankenbett auch. Aber in jener Woche haben wir Psalm 139 gebetet. Das ist ein Gebet aus der Bibel. Wir haben uns an diese Worte gehalten in der Hoffnung, dass sie uns halten.

Ich gehe oder liege, so bist du um mich
und siehst alle meine Wege.
Von allen Seiten umgibst du mich
und hältst deine Hand über mir.
Diese Erkenntnis ist mir zu wunderbar und zu hoch,
ich kann sie nicht begreifen.
Wohin soll ich gehen vor deinem Geist,
und wohin soll ich fliehen vor deinem Angesicht?
Führe ich gen Himmel, so bist du da;
bettete ich mich bei den Toten, siehe, so bist du auch da.
Nähme ich Flügel der Morgenröte und bliebe am äußersten
Meer, so würde auch dort deine Hand mich führen und deine
Rechte mich halten.

aus Psalm 139; L

Diese Worte halten immer noch. Sie haben auch gehalten, als jenes Krankenbett zu einem Sterbebett wurde. Die Frau wusste: Was auch immer passiert, sie ist in Gottes Hand. Es gibt einen, der bei ihr ist und mit ihr dorthin geht, wohin kein Mensch sie begleiten kann. Auch auf die Intensivstation, auch in den Tod und durch den Tod hindurch. Jesus Christus ist der Teilhaber ihres Lebens, und sie hat teil an seinem Leben.

Ich muss Ihnen ganz offen sagen: Ich habe keine andere Hoffnung als diese. Ich wüsste nichts anderes zu schreiben, als auf den Glauben an Jesus Christus hinzuweisen. Ich kenne niemanden, der uns nicht im Stich lassen würde, als Jesus Christus. Er schenkt uns Gemeinschaft, die kein Mensch schenken kann.

Wie aus Mitspielern Teilhaber werden

Wenn wir Schritte im Glauben wagen, eine Beziehung zu Jesus Christus zu leben beginnen, dann verändert uns das. Gott beginnt uns zu verändern. Aus Mitspielern macht er Teilhaber. So werden

wir ganz neu beziehungsfähig. Dadurch verändern sich die Gemeinschaften, in denen wir leben: unsere Ehen und Familien, unsere
Partnerschaften und Freundschaften, unsere Haus- und Arbeitsge-
meinschaften, einfach unsere ganzen persönlichen Beziehungen.

Ich möchte Sie dazu ermutigen, eine Beziehung mit Jesus zu
beginnen. Genau genommen besteht diese Beziehung ja schon,
weil Jesus uns anspricht. Ganz ähnlich wie Jesus diesem Mann
damals am Teich Bethesda begegnet ist, begegnet er auch Ihnen.
So wie Jesus diesen Mann gefragt hat: »Willst du gesund werden?«, so fragt er Sie: »Willst du, dass dein Leben gesund wird?
Willst du, dass ich bei dir bin?« – Er zwingt Sie nicht. Er über-
rumpelt Sie nicht. Er fragt Sie nur und lädt Sie ein.

Jesus möchte der Teilhaber Ihres Lebens sein. Er ist ja schon
lange der Liebhaber Ihres Lebens. Denn aus Liebe ist er für Sie
in den Tod gegangen. Sie brauchen Ihre Kreuzwege nicht mehr
allein zu gehen. Jesus will mit Ihnen gehen und Sie begleiten im
Leben und im Sterben.

Er reicht Ihnen seine Hand. Schlagen Sie ein!

POSTKARTENAKTION:

Es gibt zu diesem Buch eine Postkarte. Wenn Sie mögen, können
Sie noch mehrere dazu erwerben: im christlichen Buchhandel
oder www.SCM-Shop.de oder auch auf der Website www.Ich-
lebe-gern.info. Diese Karten sind dazu da, verschickt zu werden –
klar, wozu auch sonst? Sie können natürlich auch eine für sich
aufbewahren, sie als Buchzeichen verwenden, aufs Regal stellen
oder neben Ihren Spiegel kleben. Zu den folgenden Zeilen gibt
es auch eine Melodie, die zu singen wir Sie mit der CD zu diesem
Buch einladen. Aber die Karten eignen sich auch als Gruß an
einen lieben Menschen. Nutzen Sie sie doch dafür und entwickeln
Sie damit Ihre Beziehungen!

»Der gute Hirte behüte dich ...«
Ein Segenslied nach Psalm 23

Ich wünsche dir,
dass dich dein Wüstenweg
und jeder Steg
zum frischen Wasser führt.

Ich wünsche dir,
dass auch im finstern Tal
ein Sonnenstrahl
noch dein Gesicht berührt.

Ich wünsche dir,
dass auch aus dunkler Nacht
dich sanft und sacht
ein heller Morgen weckt.

Ich wünsche dir,
dass auch im fremden Land
des Freundes Hand
noch treu den Tisch dir deckt.

Ich wünsche dir,
dass auch in großer Not
das Lebensbrot
noch deinen Hunger stillt.

Ich wünsche dir,
dass dir ein Lied erklingt,
die Seele singt
und dich das Glück erfüllt.

Der gute Hirte behüte dich,
er weide dich auf einer grünen Au.
Sein guter Segen begleite dich.
Er führe dich nach Haus.

Text: Steffen Kern, Melodie: Matthias Hanßmann
© cap-music, 72 221 Haiterbach-Beihingen

Das halte ich für mich fest

Ihr persönliches Fazit nach diesem Kapitel

Das will ich mir merken

Halten Sie hier fest, was Ihnen beim Lesen dieses Kapitels wichtig geworden ist: einen Gedanken, einen Satz, eine Idee, einen Impuls.

_____

_____

_____

_____

_____

Diese Konsequenz ziehe ich für mich

Halten Sie hier fest, welche Schlüsse Sie aus Ihrer Erkenntnis ziehen, was Sie tun wollen, was Sie von nun an anders oder was Sie bewusster tun wollen.

_____

_____

_____

_____

_____

6 Entlasten Sie Ihre Seele

Leitfragen:
- Wie lernen Sie leichter zu leben?
- Welche Steine liegen auf Ihrer Seele?
- Wie gehen Sie mit Angst um?
- Wie werden Sie frei von Schuld?

Steine auf der Seele – wahrscheinlich gibt es keinen Menschen auf dieser Erde, der sie nicht hat. Jeder Mensch hat Sorgen und trägt seine persönlichen Päckchen mit sich herum. Mancher mehr, mancher weniger. Manche hat größere, manche hat kleinere. Manche wiegen schwerer, manche leichter. Aber wir haben alle Steine auf der Seele. Es gibt einfach Dinge, die uns das Leben schwer machen. Manches ist uns eine Last, anderes ist uns einfach nur lästig, aber auch das sind Steine auf der Seele.

»Take it easy!« ist nicht immer ein guter Rat.

Steine wiegen schwer. Steine ziehen nach unten. Wir tragen unsere Steine mit uns herum. Und es hilft nichts, wenn wir so tun, als gäbe es sie nicht. So tun, als ob nichts wäre – das ist keine hilfreiche Haltung. Dass das Leben immer nur leicht sei und wir wie ein Schmetterling von Blume zu Blume flögen – das mögen uns manche Lebensratgeber vormachen, aber das ist eine Illusion. Damit betrügen wir uns selbst. »Take it easy« – das ist nicht immer ein guter Rat. Im Gegenteil: Wer leicht zu nehmen sucht, was nicht leicht ist, verhebt sich gewaltig.

Darum lade ich Sie ein: **Entdecken Sie Ihre Steine!**
Geben Sie Ihren Belastungen Gewicht.
Nehmen Sie wahr, was Ihnen schwerfällt.
Nehmen Sie nicht leicht, was nicht leicht ist.
Und: Geben Sie Ihren Steinen einen Namen.

Ein kleines Experiment

Dazu möchte ich Sie zu einem kleinen Experiment einladen. Machen Sie doch einmal einen Spaziergang und sammeln Sie ein paar Steine. Vielleicht aus einem Bach oder einfach am Wegrand, ein paar Kiesel von einer Baustelle oder ein paar kantige Schottersteine. Schnappen Sie etwas frische Luft und sammeln Sie einige Steine. Es müssen nicht viele sein, ein paar wenige genügen, zwei oder drei, höchstens fünf oder sechs.

Ich bitte Sie, sich bei Ihrer Suche einige Gedanken zu machen.

– Prüfen Sie: Welche Steine liegen auf Ihrer Seele? Nehmen Sie sich dazu etwas Zeit. Zunächst nur für sich selbst.
– Dann nehmen Sie für jeden Stein auf Ihrer Seele einen Stein auf Ihrem Spaziergang mit. Nehmen Sie ihn mit nach Hause und legen ihn vor sich auf den Tisch, während Sie nachher weiterlesen. Weiter unten gebe ich Ihnen noch ein paar Anregungen, was Sie mit Ihren Steinen weiter tun können.

Bevor Sie jedoch losgehen, um Steine zu sammeln, möchte ich Ihnen noch ein paar Fragen mit auf den Weg geben. Einige Steinsorten will ich benennen und bitte Sie: Lesen Sie in Ruhe und prüfen Sie, ob damit einer Ihrer Steine beschrieben sein könnte.

Leitfragen für Ihren Steine-Sammel-Spaziergang:

- Was belastet Sie?
- Was drückt Sie?
- Was zieht Sie nach unten?

Das können **Sorgen** sein. Sorgen um die Kinder. Sorgen ums Geld. Sorgen um die Gesundheit. Sorgen um die eigene Ehe, die Beziehung, die Familie, die Eltern.

Das kann **eine Krankheit** sein. Eine, die Sie haben. Oder eine, vor der Sie sich fürchten.

Ein Stein auf der Seele kann auch **eine Person** sein.

Ein **Kollege** oder eine Kollegin, der/die Ihnen lästig ist.

Der Chef oder die Vorgesetzte, der/die Druck auf Sie ausübt.

Oder eine Gruppe von Leuten am Arbeitsplatz, von denen Sie sich gemobbt fühlen.

Es kann aber auch **ein Kind** sein, um das Sie sich derzeit besonders sorgen. Sei es, weil es Probleme in der Schule hat oder krank ist, sei es, weil es eigene Wege geht, die in Ihren Augen falsche Wege sind.

Es können auch einfach Ihre **Kinder** insgesamt sein, die für Sie mit dem Gefühl verbunden sind, dass Sie es nicht schaffen. Sie zu erziehen, die kleinen Kämpfe des Alltags mit Ihnen zu bewältigen – das kostet viel Kraft. Ihre Kinder zu begleiten, sie zu umsorgen und zugleich loszulassen, ihnen ihre Grenzen aufzuzeigen und ihnen zugleich die nötige Freiheit zu geben, liebevoll und zugleich konsequent zu sein – das fordert Sie nicht nur heraus, sondern überfordert Sie immer wieder.

Neben den Kindern gibt es andere Personen, die wir als Last empfinden. Sich dies einzugestehen, trauen wir uns oft nicht; unser Gewissen regt sich und protestiert dagegen – etwa wenn es um die älter werdenden oder alt gewordenen **Eltern** geht. Sie brauchen vielleicht immer mehr Fürsorge, Zuwendung oder gar Pflege. Auch ohne dies können Mutter oder Schwiegermutter, Vater oder Schwiegervater zur Belastung werden. Dennoch: Wer jemals einen Menschen längere Zeit gepflegt hat, weiß etwas von dieser besonderen Last. Jeden Tag, jede Nacht gefordert. Freizeit gibt es nicht oder kaum. Anerkennung manchmal auch wenig. Und im Unterschied zur Pflege eines Babys, die manchmal auch bis an die Grenzen fordern kann, ist die Pflegezeit bei älteren Menschen unabsehbar. Es kann sich um Monate oder Jahre, manchmal sogar Jahrzehnte handeln. Dieser »Stein« wiegt schwer und wird für manche mit den Jahren immer schwerer.

Ein schwerer Stein kann **die Trauer** sein. Die Sehnsucht nach einem lieben Menschen, der für immer gegangen ist. Die Trennung ist endgültig, so unbarmherzig unaufhebbar. Das ist vielleicht der tiefste Schmerz, den wir Menschen empfinden können. Wenn der Platz am Tisch leer bleibt. Wenn das Bett unberührt bleibt. Wenn die Kleider nicht mehr getragen werden.

Wer ein Elternteil hergeben musste, hat ein Stück innere Heimat verloren. Ein persönliches Zuhause ist nicht mehr da und man selbst rückt in die letzte Reihe der Generationen, kann vielleicht den eigenen Kindern noch so etwas wie ein Zuhause geben, auch wenn sie längst ausgezogen sind. Aber selbst spüren wir, wir haben hier keine Bleibe. Die als Kind als so wertvoll erlebte Sicherheit des Elternhauses gibt es nicht mehr, die urvertraute Geborgenheit der Mutterarme ist nicht mehr.

Wer seinen Ehepartner loslassen musste, hat ein Stück Himmel verloren. Nein, damit ist nicht gesagt, die Ehe sei der Himmel auf Erden gewesen. Allzu viel Irdisches erleben wir auch in der engsten aller Beziehungen. Aber doch ist die Trauer um den Partner ein Wundschmerz, der schwer verheilt, ein Kummer, der lange, sehr lange die Seele erfüllt und das Leben bestimmt. Diese hohle Einsamkeit, die gähnende Leere – es ist, als wäre einem ein Teil seiner selbst aus dem Leib gerissen. Wer mit einem Menschen, wie es in der Schriftlesung zur Trauung heißt, als »ein Fleisch« gelebt hat, wer also eine so innige Zweisamkeit gelebt hat, dass er mit dem andern eins wurde, der leidet.

Wem ein Kind genommen wurde, findet für seinen Schmerz wohl kaum angemessene Worte. Wer erlebt hat, welch ein Reichtum mit der Geburt eines Kindes in ein Leben tritt, wer mit dem Kleinen gespielt und gelernt, gelacht und geweint hat, dem fehlen beim Tod eines Kindes die Tränen. Auch ein Meer von Tränen könnte den Schmerz doch nicht fassen. Und wer das Glück eines Kindes kaum fassen konnte, der bleibt fassungslos zurück, wenn es nicht mehr ist. Wer am Grab eines Kindes stehen musste, hat wohl nicht nur einen Stein auf der Seele; die Seele selbst droht zu versteinern.

Ein Stein auf der Seele kann auch **eine Entscheidung** sein, die Sie bald zu treffen haben. Vielleicht beruflich, wenn ein Stellenwechsel ansteht: Welchen Weg gehe ich weiter? Oder ganz persönlich in der Partnerschaft: Wie gestalte ich die Beziehung weiter? Soll ich eine Beziehung mit einer bestimmten Person anfangen oder beenden? Aber auch kleinere, weniger bedeutsame Entscheidungen können belastend sein. Wer an einer Weggabelung steht und einen Weg wählen muss, kann einen Stein auf der Seele haben.

Ein Stein auf der Seele kann **Stress** sein. Die Berge auf dem Schreibtisch. Das übervolle Büro und der überquellende Terminkalender. Die vielen Erwartungen, die an mich gestellt werden von der Familie, vom Partner, vom Lehrer, von Kindern, Kunden und Kollegen. Hinzu kommen manchmal der Druck vom Chef, das Mobbing im Büro oder in der Schule, die stechenden Blicke der andern, die zu erahnenden Gedanken, die giftigen Worte, das hämische Grinsen. Und dann der Frust! Das Gefühl, es nicht mehr zu schaffen, nicht mehr hinterherzukommen. Zu wenig zu sein. Zu langsam. Zu schwach. Zu ungeschickt. Zu dumm. Zu alt. Das sind Steine auf der Seele.

Überhaupt, das Alter. Das kann ein Stein sein. Das unablässige Älterwerden. Das kann einen mitten im Leben in die Krise treiben. Wenn die Haare erst grauer und dann weniger werden – oder umgekehrt. Wenn sich die Pölsterchen auf den Rippen zu einer regelrechten Luxusbepolsterung auswachsen. Wenn die neckischen Fältchen sich furchenartig vertiefen und den Blick in den Spiegel zu einem Abenteuer werden lassen. Wenn man rückwärts zu zählen beginnt und ständig um die Frage kreist: Wie viele Jahre habe ich wohl noch? Habe ich gut gelebt? Was fehlt mir noch? War das alles?

Manchen Mann treibt das so etwa um den vierzigsten Geburtstag herum in den Wahnsinn oder in die Arme einer anderen Frau. Ein befreundeter Pfarrer sagte mir einmal, als wir uns über seelsorgerliche Fragen unterhielten: »Mit Anfang vierzig brauchen die Männer einen neuen Job oder eine neue Frau – das meinen sie zumindest.« Gott sei Dank trifft das nicht auf alle zu, aber es trifft doch den Nagel auf den Kopf. Die Midlife-Crisis packt Mann und Frau, spätestens beim fünfzigsten Geburtstag.

Denn auch der größte Optimist weiß, dass das nicht die Halbzeit ist. Von den Hitzewallungen der sogenannten Wechseljahre bei Frauen und allem, was damit verbunden ist, will ich gar nicht reden.

Das Älterwerden – manche nehmen es gelassen, manche nehmen es gar nicht an. Sie bleiben auf Kriegsfuß mit ihren Lenzen, vor allem dann, wenn sich Wehwehchen und allerlei Zipperlein einstellen. Keine Frage, alt werden kann auch heißen, einsam zu werden. Und nicht alle lassen sich von Henning Scherfs Farbenlehre »Grau ist bunt« ermuntern. Das Leben droht mit den Jahren seine Farben zu verlieren, und nach und nach legt sich ein Stein auf die Seele.

Auch eine Sucht kann ein Stein auf Ihrer Seele sein. Die Zigaretten, das Bier, der Wein, der Likör, der Schnaps. Nicht nur die Leber wächst mit ihren Aufgaben, auch die Seele leidet und trägt schwer daran, wenn Alkohol regelmäßig durch die Speiseröhre fließt. Die großen Süchte und ihre Gefahren – sie sind allzu gut bekannt, aber doch keineswegs gebannt. Im Gegenteil, dass Alkohol in einer so verbreiteten Weise durch Alkopops und Komasaufen unsere Jugendkultur prägen könnte, ist für unsere aufgeklärte Gesellschaft ein echtes Alarmsignal. Welche Süchte das weltweite Datennetz mit sich bringt, sei an dieser Stelle auch nur angedeutet. Computerspiele können ebenso süchtig machen wie Spielautomaten. Aber weit mehr als die Spiele ziehen die Bilder des Internets Unzählige in ihren Bann. Gewaltdarstellungen und pornografische Bilder aller Couleur sind in einer nahezu grenzenlosen Fülle und in alle Grenzen überschreitenden Darstellungen nur einen Mausklick weit entfernt. Alle Sozialkontrolle fällt weg – und die Bilder auf dem Bildschirm brennen sich in die Seelen ihrer Betrachter und belasten sie selbst samt ihren Ehen und Beziehungen. Nein, das ist nicht nur ein Jugendthema, das ist vor allem ein Männerthema.

Ein Stein auf der Seele kann Schuld sein. Eine alte Geschichte, die Sie nie bereinigt haben und daher auch über Jahre hinweg nicht losgeworden sind. Vielleicht aber auch eine Begegnung der letzten Tage oder eine kurze Episode von heute Morgen. Ein falsches Wort, eine Überreaktion, eine Tat, die Sie nicht mehr zurücknehmen können und die so viel kaputt gemacht hat, die verletzt hat. Schuld lastet schwer auf unserer Seele. Eine Last, die uns immer tiefer hinunterdrückt. Eine Lüge folgt oft auf eine andere. Wir verstricken uns immer tiefer in einen Schlamassel. Wir sind gefangen – in einem Sog nach unten.

Ein Stein kann Angst sein. Angst, die Arbeit zu verlieren. Angst, Freunde zu verlieren. Angst, einen lieben Menschen zu verlieren. Angst vor einer Prüfung. Angst vor dem Alleinsein. Angst vor dem Sterben. Angst sogar vor Gott. Dazu werden wir noch ausführlicher kommen, jetzt sei nur auf diesen möglichen Stein auf der Seele verwiesen.

Ein Stein auf der Seele kann aber auch eine geistliche Belastung sein. Wer mit Okkultem gespielt oder okkulte Praktiken sogar ernsthaft betrieben hat, etwa Pendeln, Kartenlegen, Tischerücken, Gläserrücken oder eine spiritistische Sitzung, weiß etwas vom Gewicht dieser Last. Auch wenn es nur Spaß sein sollte, kann daraus bitterer Ernst werden, etwa wenn sich Fratzen und Grimassen, Geräusche und Gefühle bis in die Träume schleichen. Es gibt die Macht des Dämonischen, die Menschen lähmen und das Leben nehmen kann. Unsere allzu aufgeklärte westliche Welt hat kaum Augen dafür, und doch ist die Realität dunkler Mächte unbestreitbar. Steine auf der Seele.

Nun habe ich fast schon zu viel von möglichen Steinen geschrieben, die Ihnen auf der Seele liegen könnten. Ich hoffe, die letzten Seiten haben Sie nicht allzu sehr beschwert, so dass Sie vor lauter möglichen Steinen gar nicht mehr aufstehen und zu Ihrem Spaziergang aufbrechen wollen. Lassen Sie sich keine Last einreden, die Sie gar nicht beschwert. Wenn Sie unbeschwert sind – großartig! Die letzten Ausführungen sollten nur Anregungen für Sie sein, um Ihre Selbstwahrnehmung zu fördern: Was belastet *Sie*? Was macht *Ihnen* das Leben schwer? Welche Steine liegen auf *Ihrer* Seele?

Wiegen Sie Ihr Herz ...

Denken Sie ein bisschen nach. Wiegen Sie Ihr Herz. Hören Sie in sich hinein. Nehmen Sie wahr, was Ihnen auf der Seele liegt. Wenn Sie mögen und damit vertraut sind, beten Sie! Bitten Sie Gott, dass er Sie erkennen lässt, was Sie belastet und beschwert, gerade dann, wenn Sie selbst es gar nicht benennen können und gleichwohl spüren, dass Sie einen Stein auf der Seele haben.

... und gehen Sie los!

Und dann gehen Sie los und sammeln Sie ein paar Steine, jeweils einen echten Stein für eine innere Belastung. Wenn Sie gar nicht wissen, wofür Sie einen Stein aufheben sollten, rate ich Ihnen trotzdem zu einer kleinen Runde zu Fuß an der frischen Luft. Lesen Sie danach weiter. Ich wünsche Ihnen jedenfalls nun einen entdeckungsreichen Spaziergang!

Willkommen zurück!

Willkommen zurück von Ihrem Spaziergang! Ich hoffe, die Bewegung hat Ihnen gutgetan. Und ich gehe einmal davon aus, dass Sie ein paar Steine gesammelt haben, vielleicht auch nur einen. Auch wenn Sie nun keinen Stein in der Hand oder vor sich liegen haben, so haben Sie doch eine Vorstellung davon und einen Stein vor Augen. Aussehen können Steine ja wahrhaftig sehr unterschiedlich. Es gibt große und kleine, kantige und feine, schwerere und leichtere, es gibt Handschmeichler und solche, die uns verletzen. Steine können uns erschlagen, große Steine können uns erdrücken. Andere faszinieren uns, sie gefallen uns, wir stellen sie zur Dekoration auf oder tragen sie als Schmuck. Lästig sind nicht nur große Steine. Auch ein kleiner kann uns plagen. Denken Sie nur daran, wie Sie zuletzt einen Stein im Schuh hatten und wie lästig der gedrückt und gepiekst hat.

Auf den folgenden zwei Seiten haben Sie nun Gelegenheit, Ihre Steine aufzuzeichnen und zu benennen. Halten Sie fest: Dieser Stein steht für diese Sorge, dieses Problem, diese Entscheidung, diese Person, diese Schuld oder Angst oder…Es ist eine ganz persönliche Doppelseite für Sie. Nützen Sie den freien Platz für sich.

Stein(e) auf meiner Seele

Zu Ihren Steinen möchte ich einige Sätze stellen, mit denen Jesus seine berühmte Bergpredigt eröffnet hat. Es sind die sogenannten Seligpreisungen. Sie finden Sie in Ihrer Bibel in Matthäus 5,1-12; L:

Als er aber das Volk sah, ging er auf einen Berg und setzte sich; und seine Jünger traten zu ihm. Und er tat seinen Mund auf, lehrte sie und sprach: Selig sind, die da geistlich arm sind; denn ihrer ist das Himmelreich. Selig sind, die da Leid tragen; denn sie sollen getröstet werden. Selig sind die Sanftmütigen; denn sie werden das Erdreich besitzen. Selig sind, die da hungert und dürstet nach der Gerechtigkeit; denn sie sollen satt werden. Selig sind die Barmherzigen; denn sie werden Barmherzigkeit erlangen. Selig sind, die reinen Herzens sind; denn sie werden Gott schauen. Selig sind die Friedfertigen; denn sie werden Gottes Kinder heißen. Selig sind, die um der Gerechtigkeit willen verfolgt werden; denn ihrer ist das Himmelreich. Selig seid ihr, wenn euch die Menschen um meinetwillen schmähen und verfolgen und reden allerlei Übles gegen euch, wenn sie damit lügen. Seid fröhlich und getrost; es wird euch im Himmel reichlich belohnt werden. Denn ebenso haben sie verfolgt die Propheten, die vor euch gewesen sind.

Mit meinen Steinen leben lernen

Was machen wir jetzt mit unseren Steinen? – Keine Frage, wir müssen mit ihnen leben. Los werden wir sie nicht so leicht. Die Sorgen nicht, die Angst nicht, die Krankheit nicht und viele Probleme mit einzelnen Personen schon gar nicht. Wir können nur lernen, mit ihnen zu leben.

Die Frage ist nur, wie?

Fünf kurze Impulse dazu:

1) Ihre Steine haben Verheißung!

Seligpreisungen! – Das ist doch paradox. Eigentlich verrückt. Jedenfalls ganz und gar nicht das Übliche. Glücklich zu prei-

sen sind nach Jesus nicht die, die locker, leicht und scheinbar schwerelos durchs Leben fliegen. Nicht die, die obenauf sind. Sondern die, die schwer beladen, die total down, die am Boden sind. »Glücklich seid ihr« – das sagt Jesus zu seinen Jüngern – »glücklich seid ihr, wenn ihr arm seid, wenn ihr Hunger habt, wenn ihr weint, wenn ihr Sorgen habt, wenn ihr gehasst werdet, wenn ihr gemobbt werdet, wenn ihr geschmäht und sogar verfolgt werdet. Glücklich seid ihr, wenn's euch dreckig geht.«

Was soll das? Wieso denn, Jesus? Wie begründest du das denn?

Jesus antwortet selbst: »Denn das Reich Gottes gehört euch. Denn ihr werdet satt werden. Eure Sorgen werden einmal vorbei sein. Eure Tränen werde ich euch selbst abwischen. Ihr werdet lachen. Ich werde euch im Himmel belohnen. Ihr werdet euch freuen. Im Himmel braucht ihr keine Kirchenbänke mehr, denn ihr werdet springen vor Freude. Kurzum: Eure Steine haben Verheißung!«

Ihre Last ist nicht das Letzte

Bitte hören Sie das erst einmal, hören Sie es persönlich. Über Ihnen und Ihren Steinen steht diese Verheißung: Ihre Last ist nicht das Letzte. Sie ist begrenzt. Ja, sie hat ihren Raum. Aber sie hat auch eine Grenze. Ja, sie hat ihre Zeit. Aber sie hat auch ein Ende. Sie hat ihre Bedeutung. Aber Jesus selbst hebt sie einmal auf.

Ich weiß, das weist nach vorne auf die Zukunft, die uns verborgen und ungewiss ist. Wer weiß schon, ob es stimmt, dass meine Last ein Ende haben wird und dass so etwas wie ein »Reich Gottes« kommen wird?! Wer weiß schon, ob Jesus recht hat?! – Hätte das irgendein anderer Mensch gesagt, wäre ich genauso skeptisch. Weil es aber Jesus sagt, höre ich genauer hin. Denn das ist immerhin der, der von den Toten auferstanden ist. Das wird von vielen Augenzeugen in den Schriften des Neuen Testaments beschrieben und bezeugt. Und wie ein Beleg für sein Wort steht der Stein vor seinem Grab. Dieser Stein, der ihn im Tod eingeschlossen hat. Dieser Stein, in dem sich alle Last der Welt bündelt. Endgültig scheint das Leben erdrückt zu sein. Ein für alle Mal aus. Dieser Stein scheint den Tod zu besiegeln und zwar für immer. Wie eine große schlussendliche Version der Steine, die uns allen auf der Seele liegen. Ein Stein, der das Ende markiert. Alle Hoffnungen scheinen damit erschlagen.

Der »verrückte« Stein

Aber Jesus hat diesen Stein weggerollt. Er hat den schwersten Stein, den es je auf dieser Welt gab, verrückt. Wie es geschah, wissen wir nicht. Es bleibt geheimnisvoll. Und doch muss damals bei Jerusalem etwas ganz Unvergleichbares geschehen sein, etwas, was die Welt noch nicht gesehen hat. Etwas Unmögliches hat er möglich gemacht. Dort, wo wir Menschen mit unseren Möglichkeiten am Ende sind, hat Gott eine neue Möglichkeit eröffnet. Neue Lebenskraft ist aus dem Grab gedrungen. Das ist die Kraft der Auferstehung, die unbändige Energie der Hoffnung. Er lässt wieder atmen. Er lässt leben. Er lässt aufstehen. Dafür steht das leere Grab. Jesus nimmt den Stein weg – auch meine Last.

Das wird einmal so sein. Heute ist es nur ein Versprechen. In der Tat, mehr nicht. Aber es ist ein so kräftiges Versprechen, dass Menschen seit zwei Jahrtausenden darauf ihr Leben bauen und daraus Hoffnung schöpfen – und so mit den Steinen auf ihrer Seele zu überleben gelernt haben. Diese Energie des Glaubens und Hoffens ist bis heute nicht versiegt.

Aber keine Frage, noch leben wir in unserer »Passionszeit«. Noch tragen wir unsere Steine mit uns herum. Noch leben wir gewissermaßen in der Steinzeit. Aber wir gehen auf unser Ostern zu. Ich will mich nicht damit abfinden, dass mein Leben und mit ihm alle Hoffnungen und Träume erdrückt werden. Ich will mich auf das Versprechen von Jesus verlassen, so verrückt es klingt. Und ich will es Ihnen so direkt schreiben: Auch Ihre Steine werden einmal verrückt werden.

Ein gewagtes Bild

Ich wage einmal einen gewagten Vergleich und rede vom Himmel. Dort werden Sie Ihre Steine wiedersehen, die Steine, die Ihnen

jetzt auf der Seele liegen und an denen Sie leiden. Sie werden Ihre Steine wiedersehen, auch die, die Sie auf Ihrem Spaziergang gesammelt haben, und all die andern, die Ihnen gar nicht bewusst sind – aber diese Steine werden verwandelt sein von hässlichen Laststeinen zu herrlichen Edelsteinen. Das letzte Buch der Bibel, die Offenbarung, redet von Edelsteinen im himmlischen Jerusalem. Wir dürfen sie ansehen als die Steine auf unseren Seelen, die herrlich verwandelt sind. Jesus wird sie uns einmal abnehmen. Deshalb sind wir heute schon glücklich zu preisen. Denn wir wissen, unsere Steine werden uns dort einmal abgenommen.

2) Geben Sie Ihren Steinen Gewicht!

Noch sind wir auf dem Weg. Noch tragen wir unsere Steine. Deshalb ist es gut, ja es ist nötig und heilsam, dass wir sie uns bewusst machen. Darum dieser Rat: Geben Sie Ihren Steinen Gewicht, und zwar das Gewicht, das sie haben. Gestehen Sie sich ein, dass sie Sie belasten. Nein, Sie sollen sich keine Steine »auf die Seele schwatzen« lassen, aber wenn eine Last da ist, dann stehen Sie zu ihr.

Darum mein Rat: Legen Sie Ihre Steine auf ein Regal. Oder legen Sie sie mit Ihrer Bibel auf den Nachttisch. Vielleicht schreiben Sie auch eine Verheißung aus den Seligpreisungen auf ein Blatt Papier, hängen es auf und legen Ihre Steine darunter. Aber in jedem Fall: Verstecken Sie Ihre Steine nicht! Verdrängen Sie sie nicht und vergraben Sie sie nicht in Ihrem Innern. Dort werden sie nur Schmerzen verursachen und je tiefer Sie sie verbergen wollen, desto belastender sein.

Es ist sicher nicht gut, ständig seine Lasten vor sich herzutragen und vor andern damit hausieren zu gehen. Auch sollte man sich nicht immer nur seine Probleme vor Augen halten. Auch Ablenkung tut gut. Aber erst dann, wenn die Lasten bewusst sind. Darum mache ich Mut zu einer persönlichen Steine-Sammlung an einem persönlichen Ort. Vielleicht gerade an dem Ort in Ihrer Wohnung oder in Ihrem Garten, wo Sie sich gerne hinsetzen, um zu beten. Einen solchen Ort empfehle ich Ihnen nämlich dringend. Einen persönlichen Ort der Stille. Einen bestimmten Sessel oder einen Stuhl, einen Tisch vielleicht mit einem Kreuz darauf oder eine Ecke mit einem schönen Bild an der Wand, einfach einen Platz, an den Sie sich gerne aus Ihrem Alltag zurückziehen für ein paar Momente der Besinnung. Dort wäre zum Beispiel ein guter Platz für Ihre Steine.

3) Machen Sie Ihre Steine zum Gebet!

Das ist ganz entscheidend: dass Sie Ihren Steinen Sprache verleihen. Dass Sie die sprachlose Schwere durchbrechen und aussprechen, was Ihnen auf der Seele liegt. Machen Sie Ihre Steine zum Gebet. Das kann auf drei Wegen geschehen:

a) Klagen Sie Gott, was Sie belastet!
Zeigen Sie ihm Ihre Steine vor. Halten Sie ihm unter die Augen, was Sie belastet. Lassen Sie raus, was Sie beschwert. Machen Sie aus Ihrem Herzen keine Mördergrube, sondern öffnen Sie ihm Ihr Herz, schütten Sie Ihr Herz aus. Buchstäblich! Schreien Sie es Gott entgegen. Sagen Sie ihm Ihren Schmerz.
»Mein Gott, warum?«
»Mein Gott, wie lange noch?«
»Mein Gott, sieh dir doch mein Elend an.«
»Ich halte das nicht mehr aus.«
»Ich schaffe das nicht.«
»Ich kann nicht mehr.«
Klagen – das ist der erste Weg des Gebets.

b) Bitten Sie ihn, damit umgehen zu können!
Bitten Sie Gott, dass er Ihnen Ihre Lasten nimmt. Dazu will ich Sie ausdrücklich ermutigen. Bitten Sie Gott selbst um das, was Sie nicht glauben können und was Sie nicht erwarten. Gewiss erfüllt Gott nicht all unsere Wünsche, aber er steht zu seinen Verheißungen. Er will, dass wir ihn bitten. Wie Kinder ihren Vater. Genauso

erwartungsvoll und bedrängend. Genauso persönlich und innig. Genauso herzlich und ausdauernd. Liegen Sie Gott in den Ohren mit Ihrer Bitte! Ich verspreche Ihnen nicht, dass Gott Ihr Gebet auf die Weise erhört, wie Sie es erhoffen. Aber ich wage zu sagen: Kein Gebet, das Sie sprechen, ist in den Wind gesprochen. Kein Gebet ist umsonst. Gott hört.

Bitten Sie Gott aber auch um **Kraft** zu tragen, wenn er Ihre Lasten nicht nimmt. Gott segnet manchmal auf eine ganz eigene Weise. Er kann uns im Verborgenen segnen. Dass einige Menschen eine Krankheit oder eine besondere Krisenzeit manchmal nach vielen Jahren im Rückblick als eine besonders wertvolle und gesegnete Zeit bewerten können, ist etwas Geheimnisvolles. Wenn wir mitten in der Krise stecken, können wir das nicht so sehen. Aber wir können Gott um Kraft bitten, unsere Steine heute zu tragen und gestärkt weiterzugehen.

Bitten Sie Gott um **Weisheit**, mit Ihren Lasten umzugehen. Besonnenheit haben wir nötig. Den rechten Blick für unsere Situation, um die nächsten Schritte gehen zu können. Wer mitten im Dschungel steckt, hat keinen Überblick, kann ihn ja gar nicht haben. Darum ist es gut, ein »Funksignal« an den zu senden, der meinen Weg überblickt und weitersieht als ich. Und es ist eine Erfahrung vieler glaubender Menschen, dass die Schritte dann fester und sicherer werden.

Bitte Sie Gott um ein Wort, das Ihnen weiterhilft. Manche Worte entfalten eine ganz eigenartige Kraft und Dynamik, über die wir nur staunen können. Diese Eigenschaft haben vor allem Worte aus der Bibel. Über meinem Schreibtisch hing während meiner Schul- und frühen Studienzeit ein Wort aus dem Propheten Jesaja, jahrtausendealt und doch war es eine Kraftquelle für meinen Tag.

Er gibt den Erschöpften neue Kraft;
er gibt den Kraftlosen reichlich Stärke.
Es mag sein, dass selbst junge Leute matt und
müde werden und junge Männer völlig zusammenbrechen,
doch die, die auf den Herrn warten, gewinnen neue Kraft.
Sie schwingen sich nach oben wie die Adler.
Sie laufen schnell, ohne zu ermüden.
Sie werden gehen und werden nicht matt.

Jesaja 40,29-31

Manche Worte entfalten dann eine ganz besondere Kraft, wenn sie gesungen werden. Darum möchte ich Sie ermutigen: Beten Sie auch mit Liedern! Singen erleichtert. Singen befreit. Das Gesangbuch, aber auch neuere Liederbücher sind voll von solchen Krafttexten. Vielleicht hilft Ihnen auch einer der neuen Liedtexte weiter, die in diesem Buch zusammengestellt sind. Damit sind wir schon beim dritten Weg des Gebets:

c) Loben Sie Gott auch unter Lasten!
Das klingt so furchtbar fromm: »Geben Sie Gott über Ihren Steinen die Ehre!« Aber es umschreibt ein Geheimnis. Loben Sie Gott – allem Schweren zum Trotz. Sagen Sie ihm, was er ist und was er kann. Singen Sie es ihm zu:

»Herr, du bist auferstanden. Du lebst.
Du bist der Herr über Leben und Tod.
Du hast alle Last am Kreuz getragen.
Du bist allmächtig.
Du kannst mir meine Last abnehmen.
Du bist mein Gott.«

Ein alter Spruch lautet: Danken schützt vor Wanken, Loben zieht nach oben. Dahinter steckt eine alte Erfahrung, die auch Sie machen können. Die Steine auf Ihrer Seele lassen sich nicht wegsingen, aber sie müssen auch nicht nur jammernd ertragen werden. Ein Lied lässt die Steine in einem andern Licht erscheinen, in einem Licht, das Ihnen entgegenkommt, im Licht der Hoffnung.

4) Machen Sie Ihre Steine zum Gespräch!

Dazu gehört Mut. Und dazu gehört ein Mensch, dem Sie vertrauen. Aber das ist so wichtig: Sprechen Sie mit einem Menschen Ihres Vertrauens über das, was Sie belastet. Zeigen Sie ihm Ihre Steine. Benennen Sie sie vor ihm. Sprechen Sie sie aus. Steine auf der Seele haben das mit Steinen im Körper gemeinsam: Besonders schmerzhaft und schädlich sind diese inneren Steine, die eingeschlossen sind, Nierensteine oder Gallensteine. Die müssen raus! Das gilt auch für Steine auf der Seele. Die müssen auch raus, indem sie an- und ausgesprochen werden.

Gespräche helfen. Ausgesprochene Lasten sind nicht einfach weg, aber sie verlieren an Macht. Ausgesprochene Lasten sind geteilte Lasten. Sie selbst bleiben so nicht ein einsames Opfer, das von der Übermacht der Steine erdrückt zu werden droht. Durch das Gespräch gewinnen Sie einen Verbündeten. Er oder sie kann mit Ihnen beten, auch dann, wenn Sie nicht oder nicht mehr beten können. Er oder sie weiß vielleicht einen guten Rat. Er oder sie sieht vielleicht Ihre Sache aus einem anderen Blickwinkel und eröffnet Ihnen gerade so eine neue Perspektive.

Und es kann sogar sein, dass Sie eine Last bei so einem Gespräch auch loswerden, einen Schuldstein zum Beispiel. Wenn Sie Schuld aussprechen, offen zugeben, was Sie getan haben, sie bekennen und dazu stehen – das fällt schwer, befreit aber ungemein. So ein befreiendes Gespräch nennt man auch Beichte. Wir denken dabei allzu schnell an einen Beichtstuhl, an priesterliche Auflagen und Ablasshandlungen. Aber das ist nicht der ursprüngliche Sinn der Beichte. Ein Christ kann für den andern zum Priester werden. Einer darf vor dem andern Schuld bekennen. Einer darf dem andern zusprechen: »Im Namen des Jesus Christus, dir sind deine Sünden vergeben.« Und das gilt. Auf Erden und im Himmel. Gott stellt sich zu diesem Freispruch, der in seinem Namen zugesprochen wird.

Wahrlich, ich sage euch: Was ihr auf Erden binden werdet, soll auch im Himmel gebunden sein, und was ihr auf Erden lösen werdet, soll auch im Himmel gelöst sein (Matthäus 18,18; L).

Wem ihr die Sünden vergebt, dem sind sie vergeben. Wem ihr sie nicht vergebt, dem sind sie nicht vergeben (Johannes 20,23).

So ein Gespräch befreit. Es erleichtert ungemein. Manche Last nimmt Jesus sofort ab. Diesen Stein dürfen Sie dann getrost wegwerfen, am besten in einen tiefen See hinein, so dass Sie ihn nicht wiederfinden. Vergeben ist vergeben.

5) Tragen Sie Steine der andern mit!

»Ein jeder trage die Last des andern!«, sagt uns Paulus (vgl. Galater 6,2). Und wenn Jesus in den Seligpreisungen mit seinen Jüngern redet, dann redet er sie als Gemeinschaft an. Wenn es um die Steine auf unserer Seele geht, dann sind wir gerade als Gemeinde gefordert. Dass wir füreinander da sind. Dass wir uns für die anderen interessieren. Aber nicht aus Neugier, sondern aus Fürsorge, mehr noch: aus Liebe!

Einander unsere Steine zeigen, miteinander über unsere Steine reden, miteinander über unseren Steinen beten – und füreinander beten. Gegenseitige Fürbitte in der Gemeinde! Darauf liegt ein großer Segen. Und ich bin überzeugt davon: Wir nehmen ihn viel zu wenig in Anspruch.

Wenn wir mehr füreinander beten würden. Regelmäßig. Persönlich. Jeder Einzelne für drei, vier, fünf andere. Und wenn jeder Einzelne wüsste, drei, vier, fünf andere beten jeden Tag für mich. Das wäre etwas! Aber wir fühlen uns allzu oft allein mitten in unseren Gemeinden. Wir bleiben für uns – und nehmen uns dadurch den Segen, den Gott eigentlich für uns bereit hat.

Doch genau dafür ist Gemeinde da: dass Segen gelebt und erlebt werden kann. Dazu braucht es kleine Gruppen, Hauskreise, persönliche vertrauensvolle Gemeinschaften, in denen man voneinander weiß und füreinander da ist. Ich möchte Sie sehr ermutigen: Suchen Sie eine solche Gruppe. Gründen Sie mit ein paar anderen eine solche Gemeinschaft, in der Sie sich am besten einmal in der Woche treffen, einen Abschnitt der Bibel lesen und besprechen, sich austauschen, Ihre Steine auf den Tisch legen und miteinander beten. Das braucht gar nicht lange zu sein, anderthalb bis zwei Stunden genügen. Während der Woche beten Sie weiter füreinander. Und beim nächsten Treffen tauschen Sie sich wieder aus.

Das sind nun meine fünf Hilfen für Sie, wie Sie mit Ihren Steinen leben können, gewiss kein Rezept, kein Allheilmittel, aber doch Eckpunkte eines Weges, der gangbar ist – hoffentlich für Sie persönlich Eckpunkte eines Segensweges:

1. Ihre Steine haben Verheißung!
2. Geben Sie Ihren Steinen Gewicht!
3. Machen Sie Ihre Steine zum Gebet!
4. Machen Sie Ihre Steine zum Gespräch!
5. Tragen Sie Steine der andern mit!

Seien Sie auf diesem Weg gewiss:
Gott nimmt Ihnen nicht alle Steine ab.
Aber er trägt Sie – mitsamt Ihren Steinen.

Angst vor der Angst?

Die kleine Marie ist abends allein zu Hause. Die Eltern sind fort. Marie schläft – sie *soll* schlafen. Aber sie wacht auf. Die Nachbarin, die einmal hereinsehen soll, ob alles in Ordnung ist, merkt es nicht. Sie ist längst wieder fort und inzwischen vor dem Fernseher eingeschlafen. Marie erwacht aus einem Albtraum. Schlimme Bilder erschüttern die kleine Seele. Sie weint. Sie schreit nach der Mutter. Sie ruft: »Mama! Mama!« Immer lauter. Aus Leibeskräften. So laut sie kann. Aber Mama hört nicht. Sie ist ja nicht da. Marie ist allein. Ihr Kopf ist rot vom Schreien. Sie steht in ihrem kleinen Bettchen, aber sie kann ja nicht raus. Sie schreit und schreit. Ihr Albtraum von eben wird Wirklichkeit.

Eine gute Stunde später kommen die Eltern nach Hause. Im Kinderzimmer finden sie ein schlafendes, aber zugleich noch schluchzendes Kind mit roten Wangen, verquollenen Augen auf einem nass geweinten Kissen. Marie hat sich in den Schlaf geschrien. Marie hat erlebt, was wir alle kennen. Angst.

Ein Lebensgefühl seit Kindertagen

Angst ist ein Gefühl. Ein Lebensgefühl seit Kindheitstagen. Und es gibt keinen Menschen auf dieser Welt, den sie noch nie beschlichen hätte. Angst ist unsere stete Begleiterin. Mal mehr, mal weniger spürbar. Mal sehr, mal kaum belastend. Mal schwer, mal leichter zu ertragen. Aber nie ganz weg. Immer da. Vielleicht verborgen, aber stets bereit, uns zu befallen. Ganz unerwartet mitten im Alltag.

Wir haben Angst, Angst vor Menschen. Angst, uns zu blamieren. Angst, dumm dazustehen. Angst, das Gesicht zu verlieren. Wir haben Angst vor Kollegen, Angst vor Konkurrenz, immer häufiger und immer realer Angst, den Job zu verlieren. Wir haben Angst, nicht mehr dazuzugehören. Angst, ausgestoßen zu sein, verlassen zu werden, so wie die kleine Marie, von den Eltern, vielleicht auch vor der Ehefrau, vom Ehemann, von den Kindern. Angst vor der Einsamkeit, vor dem Alleinsein, Angst, eine Beziehung zu verlieren.

Wir haben Angst, verletzt zu werden, oft aus Erfahrung, die uns Vorsicht gelehrt hat. Angst vor zu viel Vertraulichkeit. Wir fürchten uns, ehrlich zu sein, offen zu sein, uns zu öffnen, uns jemandem hinzugeben, in unsere Seele sehen zu lassen, unser Innerstes zu teilen – aus Angst, unser Herz zu verlieren und tief in unserem Innern verletzt zu werden. Angst schließt uns aus.

Und Angst schließt uns ein, sie isoliert uns. Wir haben Angst vor der Krankheit, vor dem Krebs, vor der Operation, vor den Ärzten, ihren Spritzen und Tabletten, vor der Diagnose und vor der Therapie. Angst vor den Schmerzen. Angst, die Kontrolle zu verlieren.

Das »Schwindelgefühl der Freiheit«

Wir haben Angst vor der Zukunft. Vor dem, was wohl kommt. Vor dem Wandel der Zeit. Vor Bedrohungen verschiedenster Art: vor Terror und Krieg, vor Umweltzerstörung und Katastrophen. Angst vor Verbrechen, vor Kriminellen. »Land in Angst«, so heißt ein Buch über die Kriminalität und die Sicherheit in den Niederlanden. Unsere freie Gesellschaft hat bedrohliche Seiten. Seit der Filmemacher Theo van Gogh in Amsterdam einem islamistischen Anschlag zu Opfer fiel, spüren wir die offenen Flanken unserer offenen Gesellschaft. Das Sicherheitsbedürfnis steigt, und wir werden anfällig für die Versprechen von Fundamentalisten und Radikalen. Die allzu einfachen Parolen politischer und religiöser Extremisten gewinnen an Attraktivität. Die gefühlte Unsicherheit übersteigt bei Weitem die tatsächliche. Aber Angst ist nicht rational. Und wo die Angst zu regieren beginnt, da herrschen bald Diktatoren. Freiheit dagegen muss durch Freimut erkämpft werden. Freiheit entsteht immer da, wo Angst überwunden wird. Und – das müssen wir nach Jahrzehnten der Demokratie sagen – Freiheit wird da verteidigt, wo wir nicht in Angst erstarren.

Wir stehen in der Gefahr, unsere Freiheit immer mehr als Schutzlosigkeit zu verstehen. Die unser Bewusstsein so tief prägenden Begegnungen mit dem Terrorismus sprechen eine Urangst in uns an, die Angst, von einem nicht greifbaren und fassbaren Feind vernichtet zu werden. Der 11. September 2001 ist zu einem Datum geworden, das uns in der westlichen Welt stark beeinflusst, vielleicht mehr, als wir ahnen. Es ist ein Datum, das auch mit Angst zu tun hat. Ein ähnlich angstbesetztes Ereignis der letzten Jahrzehnte ist verbunden mit dem Ort Tschernobyl. So werden Daten und Orte zu Kristallisationspunkten eines überindividuellen Angstgefühls. Angst sei das »Schwindelgefühl der Freiheit«, soll Sören Kierkegaard gesagt haben. Neuerdings bestimmt uns die Angst vor der Wirtschaftskrise und ihren Folgen. Angst, zu den Verlierern zu gehören. Angst, den Wohlstand, die Stellung, das Haus, die Aufgabe, den Sinn und damit ein Stück von mir selbst zu verlieren. Angst, das Leben zu verlieren.

Angst ist die Kehrseite der Liebe

Das ist wohl die schlimmste Angst. Sie steckt am tiefsten in uns. So sehr wir das Leben lieben, so sehr fürchten wir, es zu verlie-

ren. Es scheint, als sei Angst die Kehrseite der Liebe. Wer sein Leben liebt, hat Angst es zu verlieren. Wer seine Kinder liebt, hat Angst, sie zu verlieren. Wer seinen Partner liebt, hat Angst um ihn. Unsere Arbeit, unser Ansehen, unseren Wohlstand – wir ängsten uns um das, was wir lieben.

Vor einiger Zeit habe ich im Radio von einer Frau gehört, die sich um ihren Mann sorgt. Sie erzählte von ihrer krankhaften Angst. Anfangs hat sie daheim vor lauter Angst gezittert, wenn er unterwegs war. Inzwischen kann sie ihn nicht mehr allein lassen; nirgends lässt sie ihn allein hingehen. Sie ist immer dabei. Jede auch noch so kurze Autostrecke fährt sie mit. Auf Schritt und Tritt begleitet sie ihn – aus Angst, ihm könnte etwas zustoßen und sie könnte ihn verlieren. Wie gesagt, das ist eine schon krankhafte Form der Angst.

Welche Angst uns auch treibt – sie hat immer mit Verlieren zu tun. Wir fürchten zu verlieren, was wir haben und lieben. Angst ist immer Angst vor dem Verlieren.

Angst zu verlieren

Am tiefsten ängsten sich viele vor dem Tod. Angst vor der Endgültigkeit. Angst, *alles* zu verlieren, nämlich das Leben. Mehr noch: Angst vor dem Gericht. Angst, einmal vor Gott zu stehen. Angst, verloren zu gehen. Angst vor Gott. Angst ist immer Angst vor dem Verlieren, vielleicht sogar vor dem ewigen Verlorensein.

Wir haben Angst – mal allein und ganz persönlich für uns, uns selbst kaum bewusst; manchmal geteilt mit andern, unserer Familie, unsern Freunden, unserm ganzen Land. Es gibt eine krankhafte Angst, die Therapie braucht. Es gibt eine heilsame Angst, die uns vor zu viel Risiko bewahrt. Angst als ein Schutz, eine gesunde Reaktion der Seele. Doch in der Regel nimmt uns die Angst ein Stück vom Leben. Auf jeden Fall nimmt sie uns die Freiheit.

Das klingt schon im Begriff an: Angst treibt in die Enge. Sie macht aus uns Getriebene. Angst engt uns ein, beengt uns, bedrängt uns.

Angst beklemmt uns, schafft Beklemmungen. Angst macht uns zu engen und verklemmten Menschen. Angst nimmt uns gefangen. Sie nimmt die Luft zum Atmen. Angst schließt uns ein.

Allzu oft wird Angst als Methode angewandt von den Machthabern aller Zeiten: das Spiel mit der Angst, um einzuschüchtern, um Macht zu zeigen, um Untergebene und Unterlegene unten zu halten. Herbert Grönemeyer singt davon: »Angst stellt ruhig. Angst kriegt klein.« Davon profitieren ganze Wirtschaftszweige. Sicherheitsfirmen, die Hersteller von Schlössern, Alarmanlagen und Tresoren, aber auch die Versicherungsbranche. Ich möchte nicht wissen, wie viele Millionen wir in Deutschland für Versicherungen ausgeben, die wir nicht brauchen und auch niemals brauchen können. Wir sind hoffnungslos überversichert. Unser Sicherheitsbedürfnis entspringt einem diffusen Grundgefühl der Bedrohung, einer oft nicht bestimmbaren, aber deutlich wahrnehmbaren Angst, die tief in uns sitzt.

Angst – irgendwie ist sie immer da. Aber wenn sie ausbricht und die Oberhand gewinnt, wirkt sie fatal. Äußere Anzeichen sind feuchte Hände, eine trockene Kehle, zitternde Knie. Das Herz rast. Der Blutzucker steigt. Der Blutdruck steigt oder fällt. Die Pupillen weiten sich. Magen und Darm spielen verrückt. Die Glieder versagen ihren Dienst. Wir kennen sie. Wir spüren sie. Wir erahnen sie. Darum haben wir Angst vor der Angst!

Die Frage ist nur: Was tun wir, wenn die Angst kommt? Was tun, wenn sie uns beschleicht, wenn sie uns überfällt und bedrängt?

Fluchtversuche

Bereits vor Jahren hat der Psychologe und Arzt Horst-Eberhard Richter ein Buch veröffentlicht mit dem vielsagenden Titel: »Flüchten oder Standhalten?« Darin beschreibt er, wie wir aus Angst in die Hörigkeit von Menschen fliehen, um so Schutz zu finden. Dafür sind wir bereit, vieles aufzugeben, auch unser

Gewissen, unsere eigene Standhaftigkeit, unsere Selbstachtung. Oder wir stürzen uns in soziale Aktivitäten, setzen uns ein für andere, für Arme und Schwache. Alles vorbildlich und gut, aber es kann ein Fluchtreflex sein mit dem Ziel, andere Menschen zur Dankbarkeit uns gegenüber zu verpflichten. Wir verdienen uns gewissermaßen eine Zuneigung, getrieben von der Angst, einsam und verlassen zu sein, ungeliebt und ungeachtet zu sein.

Übrigens, ein Fluchtversuch vor der Angst ist gewiss auch die Religion. Das führen Religionskritiker immer wieder an. Religion gebe es überhaupt nur aufgrund dieser menschlichen Grundbefindlichkeit. Angst als Nährboden für das Unkraut des Aberglaubens. Auch als gläubiger Mensch sage ich bewusst: Da ist was dran. Schon die alten Epikureer suchten nach einer angstfreien Existenz. Sie versuchten diese Freiheit von Angst zu erreichen, indem sie zeigen wollten, dass der Tod den Menschen eigentlich nicht betreffe, ihn im Grunde nichts angehe, weil er nun mal kein Ereignis des Lebens sei. Freude am Leben durch Verdrängung des Todes. Ein philosophisch faszinierender und doch letztlich scheiternder Weg. Allzu sehr greift der Tod immer wieder in unser Leben hinein.

Auch die Attraktivität des Buddhismus hat mit seiner Illusion zu tun, dass der Erleuchtete frei von Angst sei. Alles Begehren, alles Leiden, alles Wollen und Streben wird abgelegt, schließlich das eigene Selbst. Erst der von seinem Ich befreite Mensch habe keine Angst mehr – aber hat er ein Leben?

Viele versuchen, ihre Angst zu verdrängen. »Verdrängen, was mich bedrängt«, heißt die Devise. Vielleicht ist das eine besonders männliche Reaktion, aber sicher nicht nur. Ich möchte nicht wissen, wie viele Zigaretten geraucht werden, aus Angst, nicht dazuzugehören. Wie viele Autos wohl aufgemotzt werden, um Stärke zu zeigen und Schwäche zu überspielen. Wie viele spielen den starken Max und machen auf cool, um andern etwas vorzumachen und sich selbst auch. Alles, um es uns nicht einzugestehen: Wir haben Angst. Aber Verdrängen befreit nicht. Genau deshalb hilft es nicht. Doch was hilft dann?

Ein Psalm aus der Bibel bringt uns auf die Spur:

Ich schreie zum Herrn mit meiner Stimme, ich flehe zum Herrn mit meiner Stimme. Ich schütte meine Klage vor ihm aus und zeige an vor ihm meine Not. Wenn mein Geist in Ängsten ist, so nimmst du dich meiner an. Sie legen mir Schlingen auf dem Wege, den ich gehe.

Psalm 142,2-4; L

»Ich schreie zum Herrn.«
»Ich flehe.«
»Ich schütte meine Klage aus.«
»Ich zeige dir an meine Not.«

Alles andere als leise Töne! Wegreden geht nicht. Zerreden und schönreden lässt die Angst sich nicht. Kleinreden hilft nicht. Schreien hilft!

Aus Leibeskräften. Mit aller Energie. So wie die kleine Marie. Ganz natürlich geht sie mit ihrer Angst um. So laut sie kann, schreit sie. Herzzerreißend. Die Seele schreit sie sich aus dem Leib. – Genauso können wir mit unserer Angst umgehen. Schreien, was die Seele hergibt und was die Kehle herausbringt. Wenn die Angst über Sie kommt – lassen Sie sie zu und geben Sie sie zu! Lassen Sie sie raus. Schließen Sie sie nicht in sich hinein. Machen Sie es wie der Psalmbeter David. Schreien Sie Ihre Angst heraus!

Das kann auf drei Weisen geschehen:

1. Nehmen Sie das am besten zunächst wörtlich. Es mag erleichtern, einfach einmal zu schreien, im Wald, auf dem Feld, irgendwo, wo Sie die Freiheit dazu haben. Aber das allein wäre zu wenig, die Angst nur herauszuschreien.

2. Formulieren Sie die Angst einem andern Menschen gegenüber. Suchen Sie sich eine Vertrauensperson und reden Sie über das, was Ihnen Angst macht, und wie Sie diese Angst erleben. Ein solches Gespräch ist unerlässlich.

3. Fassen Sie Ihre Angst in ein Gebet. Das Schreien geht zum Himmel. Weil die Angst und all das, was uns Angst macht, an sich schon himmelschreiend ist, etwa erfahrenes Unrecht, Verletzungen, Krankheit und andere Krisen. *»Ich schreie zum Herrn mit meiner Stimme«*, so macht David es vor und sagt gleich noch mal: *»Ich flehe zum Herrn.«* Das Schreien hat eine Adresse, eine Richtung, Schreien zum Herrn! Darum schreien Sie in Richtung Himmel.

Jesus selber hat das gesagt:

In der Welt habt ihr Angst; aber seid getrost, ich habe die Welt überwunden.

Johannes, 16,33b

Ja, wir haben Angst. Das stellt Jesus nüchtern fest. Aber er sagt auch: »Seid getrost!« Er hat die Welt überwunden. Er hat selbst erlebt, was Angst bedeutet. Angst vor Ausgrenzung, als sie ihn verspottet haben. Angst vor Schmerzen, als sie ihn ausgepeitscht haben. Er hat sie erfahren: Angst als Methode angewandt, um einen Menschen klein- und letztlich fertigzumachen. Auch kennt er die Angst vor dem Sterben und dem Tod. Darum hat er seine Angst hinausgeschrien, wir haben es oben schon bedacht: »Mein Gott, mein Gott, warum hast du mich verlassen?!«

> Gottes Liebe zu uns lässt sich nicht mehr aus der Welt schaffen. Die Freiheit ist nicht kleinzukriegen. Das Leben ist nicht totzukriegen!

Das Johannesevangelium berichtet aber von einem weiteren Satz, den Jesus am Kreuz gesagt hat: »Es ist vollbracht.« Der Hass der ganzen Welt, die Zerstörungswut von Terror und Ungerechtigkeit toben sich an ihm aus, und doch erwacht er zu neuem Leben. Mit der Auferweckung seines Sohnes Jesus Christus setzt Gott ein unübersehbares Signal gegen die Angst: Gottes Liebe zu uns lässt sich nicht mehr aus der Welt schaffen. Die Freiheit ist nicht kleinzukriegen. Das Leben ist nicht totzukriegen!

Darum sagt Jesus am Ende: »Seid getrost! Seid mutig!« Er sagt nicht, die Angst sei halb so schlimm, sie sei nicht ganz ernst zu nehmen. Er sagt nicht, wir sollten verdrängen oder aus der Welt fliehen. Jesus ist erstaunlich realistisch, ganz irdisch ist er, dieser Sohn Gottes. Er spricht ja aus Erfahrung. Und er fordert uns auf: »Packt an! Seid mutig und seid stark – ich bin bei euch.«

Hören wir das! Sehen wir auf ihn! Und schreien wir unsere Angst Richtung Golgatha! Nein, das ist kein Rezept, auch keine Therapie, eine Versicherung schon gar nicht, aber es ist ein Weg. Und es gibt die Erfahrung:

> *»Wenn mein Geist in Ängsten ist, so nimmst du dich meiner an«.*

Psalm 142,4; L

Wenn die Sonne sinkt

Ein Text, geschrieben nach dem Amoklauf in Winnenden am
11. März 2009.

Wenn die Sonne sinkt um die Mittagszeit
und der Albtraum hier die Geschichte schreibt
– Gott, wo bist du?

Wenn ein heller Stern aus dem Himmel fällt
und kein Engel mehr seine Schutzhand hält
– Gott, wo bist du?

Wenn die Erde hier ihren Glanz verliert
und die Lebensbahn in den Abgrund führt
– Gott, wo bist du?

Wenn kein Licht mehr scheint an dem Firmament
und kein Mensch hier noch einen Ausweg kennt
– Gott, wo bist du?

Ein Vorhang aus Tränen trübt den Blick
und doch schaue ich noch mal zurück:

Ich seh das Kreuz,
Gott in der Welt,
von Leid und Schmerz
Total entstellt.
Ich hör den Schrei:
»Mein Gott, warum?«

Und weiß:
Du bist da.

Text: Steffen Kern
Melodie: Matthias Hanßmann
© cap-music, 72 221 Haiterbach-Beihingen

Ganz heil werden

An einer Autobahnauffahrt kommt es zu einem heftigen Auffahrunfall. Beide Autos sehen nach Totalschaden aus. Die Fahrer der beiden Autos steigen gleichzeitig aus.

Sagt der eine: »Sie haben Glück, ich bin Arzt.«

Sagt der andere: »Sie haben Pech, ich bin Anwalt.«

Aber ansonsten, wenn sie nicht gerade einem Anwalt begegnen, geht es den Ärzten ja ganz gut. Von allen Berufsgruppen haben sie es eigentlich am besten: Ihre Erfolge laufen herum, ihre Misserfolge dagegen werden, zumindest wenn sie gravierend sind, begraben. Aber ganz im Ernst: Ärzte leben davon, dass wir alle krank werden. Dass es sie gibt, ist gewiss ein Segen. Jenseits von allen Diskussionen um Gesundheitsreformen ist es doch erstaunlich: Ärzte haben einen besonderen Ruf, etwas Übermenschliches haftet ihnen an. Ernst Ludwig Heim, ein deutscher Mediziner, soll einmal über seinesgleichen gesagt haben: »Der Arzt hat in den Augen des Kranken ein dreifaches Gesicht: das eines Engels, wenn er ans Krankenbett tritt, das eines Gottes, wenn er geholfen hat, und das eines Teufels, wenn er die Rechnung schickt.«

Wenn es um Heilung geht, geht es offensichtlich auch um Überirdisches. Gesundheit – ein Geschenk nicht von dieser Welt. Davon haben wir eine Ahnung. Gesundheit ist unverfügbar, für uns nicht machbar. Sicher, man kann etwas dafür tun und auch etwas dagegen.

Wir sind nicht ganz stimmig

Manche sagen ja, Gesundheit sei das, auf das die Leute so lange trinken, bis sie tot umfallen. Mag sein. Da ist was dran. Wir können schon auch unsere Gesundheit zerstören – und doch: Wir können sie nicht herstellen, nicht erzwingen und auch nicht festhalten. Gegen den Krebs ist kein Kraut gewachsen. Gegen viele genetische Krankheiten hilft keine Kur. Vor dem Unfall schützen keine Tabletten. Krank werden wir, früher oder später. Leben heißt auch krank werden. Mensch sein heißt krank sein. Wir erahnen dabei: Etwas ist nicht in Ordnung mit uns. Etwas stimmt nicht mit uns. Wir sind nicht ganz stimmig. Wir werden krank – und lernen erst dann richtig zu schätzen, was gesund sein bedeutet. Gesundheit, Heil, das ist das Etwas, wonach wir uns sehnen. Aber das Perfekte, das Ganze, das Heile ist zerbrochen.

Diesen Zerbruch, diese unausweichliche tödliche Krankheit nennt die Bibel auch Sünde.

Vielleicht mögen wir den Begriff nicht – und doch leiden wir daran. Vielleicht passt uns die Therapie nicht – und doch ist das die Diagnose. Vielleicht gefällt uns die Theologie nicht – und doch ist das der Befund: Wir sind an Leib und Seele Sünder. Wir sind krank. Wir brauchen einen Arzt. Wir brauchen eine Hilfe, die nicht von dieser Welt ist. Aber wir reden nicht von Engeln oder vom Teufel, auch nicht von Halbgöttern in Weiß. Wir reden von dem wahren Gott und wahren Menschen, von dem Menschen, der ganz Gott war: Jesus von Nazareth. Wie ein Mensch heil wird, wenn er ihm begegnet, das macht eine faszinierende Geschichte deutlich, die im Neuen Testament steht, nachzulesen in Markus 2,1-12.

Einige Tage später kehrte Jesus nach Kapernaum zurück. Die Nachricht von seiner Ankunft verbreitete sich schnell in der ganzen Stadt. Es dauerte nicht lange, da war das Haus, in dem er wohnte, von Besuchern überfüllt, sodass kein Einziger mehr Platz hatte, nicht einmal draußen vor der Tür. Und er verkündete ihnen Gottes Wort. Da kamen vier Männer, die einen Gelähmten auf einer Matte trugen. Es gelang ihnen nicht, durch die Menge zu Jesus vorzudringen, deshalb deckten sie das Dach über ihm ab. Dann ließen sie durch die Öffnung den Kranken auf seiner Matte hinunter. Als Jesus ihren Glauben sah, sagte er zu dem Gelähmten: »Mein Sohn, deine Sünden sind dir vergeben.« Doch einige Schriftgelehrte, die dabeisaßen, dachten: »Wie kann er so etwas sagen? Das ist doch Gottesläs-

terung! Nur Gott allein kann Sünden vergeben!« Jesus wusste, was in ihnen vorging, und sagte: »Warum macht ihr euch in euren Herzen solche Gedanken? Ist es leichter, zu dem Gelähmten zu sagen: ›Deine Sünden sind dir vergeben‹ oder: ›Steh auf, nimm deine Matte und geh‹? Ich werde euch beweisen, dass der Menschensohn auf der Erde die Vollmacht besitzt, Sünden zu vergeben.« Und er wandte sich dem Gelähmten zu und sagte zu ihm: »Steh auf, nimm deine Matte und geh nach Hause, denn du bist geheilt!« Der Mann sprang auf, nahm die Matte und bahnte sich einen Weg durch die staunende Menge. Da lobten sie alle Gott. »So etwas haben wir noch nie gesehen!«, riefen sie.

Ein Volksauflauf in einem Fischerdorf. Kuriose Ereignisse in Kapernaum. Für Aufregung sorgen aber nicht dicke Fische, frisch gefangener Lachs, Hering oder Karpfen. Der Aufreger hat einen Namen: Jesus von Nazareth. Der Wanderprediger gastiert wieder im Ort, und alle sind auf den Beinen, um sich zu seinen Füßen zu setzen. Er lehrt. Alle andern hören zu. Die Hütte ist voll bis zum letzten Platz. Wohlgemerkt, die Predigt zieht sie an. Nicht das Wunder. Das kommt erst später.

Eine echt krasse Aktion

Vorher kommen erst einmal fünf Freunde daher. Vier Gefährten tragen einen Gelähmten. Aber sie kommen nicht rein ins Haus. »Wegen Überfüllung geschlossen.« Doch sie wollen unbedingt zu dem Lehrer. Sie wollen, dass er ihren Freund sieht. Was sie sich versprechen, wissen wir nicht. Wir wissen nur: Bereits vorher hat Jesus im selben Ort geheilt. Die Schwiegermutter des Petrus war gesund geworden. Danach hatten sie schon alle möglichen Kranken und Besessenen zu ihm gebracht. Viele hatte er damals geheilt. Dann war er über Nacht mir nichts dir nichts verschwunden. Hals über Kopf war er weg gewesen. Und seither waren die Kranken in Kapernaum wieder allein mit ihrem Elend. Jetzt, als

er plötzlich wieder auftaucht, packen die vier die Gelegenheit beim Schopf.

Das dürfen sie nicht verpassen. Jetzt dürfen sie nicht aufgeben. Wenn es durch die Tür nicht geht, dann eben anders. Sie versuchen es nicht mit dem Kopf durch die Wand, aber mit dem Gelähmten durchs Dach. Mutig, keine Frage. Eine echt krasse Aktion. In einem großen Kraftakt karren sie ihren Kumpel auf die Kuppel.

Sie decken das Dach ab, legen die Ziegel auf die Seite, machen aus seiner Matte eine Hängematte und lassen sie mitsamt ihrem Freund schnurstracks hinunter in den Versammlungsraum. Das klappt wie am Schnürchen. Jesus unterbricht seine Rede. Die Leute trauen ihren Augen nicht. Aber Jesus sieht noch mehr: Er sieht den Glauben der Freunde.

Kann man Glauben sehen? – Ja, Glauben kann man sehen, Jesus zumindest sieht ihn: An seinen Auswirkungen erkennt er ihn. An seinen Taten. Glaube hat Folgen. Die Freunde trauen Jesus einfach alles zu. Diese Erwartung, diese Hoffnung und diese zielstrebige Energie – die zeichnen gläubige Menschen aus.

Vergebung – die eigentliche Heilung

Dann sagt Jesus einen ungeheuren Satz. Zugleich einen irritierenden Satz. Es ist ein Wort, das den Anwesenden den Atem stocken lässt. Den Schriftgelehrten genauso wie dem Gelähmten. Für einen Moment setzt ihr Herzschlag aus, als Jesus sagt: Mein Sohn, deine Sünden sind dir vergeben.

Alle warten auf Heilung, aber Jesus spricht von Vergebung. Mehr noch: Er verspricht Vergebung. Er spricht Vergebung zu. Also gilt sie in diesem Moment. Sofort. Das ist wie das Urteil eines Richters. Vergeben. Freispruch. »Alles erledigt. Du kannst gehen.«

Noch bevor er zu stehen und zu gehen lernt, hört der Gelähmte: Er kann bestehen vor dem Gericht Gottes. Er hört es und bleibt noch liegen. Ein Freispruch zum Gehen für den, der gar nicht gehen kann.

Zuerst geht es Jesus um Vergebung. Vergebung ist ihm wichtiger als Heilung. Besser noch: Die Vergebung ist die eigentliche Heilung. Denn Schuld ist die eigentliche Krankheit.

Darf ich einmal fragen: Kennen Sie diese Krankheit? Oder ist sie Ihnen fremd? »Schuldig, wieso soll ich schuldig sein?!«, so fragen wir schnell.

Jenseits von Eden

Aber Schuld ist eine Krankheit mit tödlichem Ausgang. Schuld ist die Krankheit an uns und in uns, die bei anderen Verletzungen hinterlässt. Schuld ist, wenn man einem andern Unrecht tut. Schuld ist, wenn man sich selber ins rechte Licht rückt. Schuld ist, wenn man andere verleumdet. Schuld ist, wenn man schlecht über andere redet. Schuld ist, wenn man anderen die Freiheit raubt, sie am Leben, an der freien Entfaltung hindert. Schuld ist, wenn man tötet – mit Worten, mit Blicken, mit Taten. Schuld ist, wenn man jenseits von Eden lebt. Jenseits von Eden – das ist bei uns, setzen Sie Ihren Wohnort ein, Ihren Arbeitsplatz, Ihre Lebenswelt. Jenseits von Eden – das ist dort, wo ich bin.

Ich will noch mal an ein paar Zeilen vom Beginn dieses Kapitels erinnern: Mensch sein heißt krank sein. Wir erahnen dabei: Etwas ist nicht in Ordnung mit uns. Etwas stimmt nicht mit uns. Wir sind nicht ganz stimmig. Ich könnte auch sagen: Wir sind nicht ganz bei Trost. Schuld ist, wenn etwas zerbrochen ist und wir die Täter sind. Schuld ist, wenn wir Täter und Opfer zugleich sind. Nichts stimmt mehr. Nichts ist mehr ganz. Nichts geht mehr. Genau das erfährt der Gelähmte an Leib und Seele.

Kennen Sie das? Oder meinen Sie, immer noch gehen zu können? Es ist Gnade, wenn wir das einsehen: dass wir schuldkrank sind. Es ist heilsam, wenn wir das erkennen: dass wir schuldig sind. Es ist heilsnotwendig, dass wir bekennen: Ich bin ein schuldiger Mensch.

Schuld ist die eigentliche Krankheit. Ob dem Gelähmten das bewusst war? – Keine Ahnung. Es steht nichts davon da. Ob der Kranke etwas ausgefressen hatte? – Wir wissen es nicht. Nur eines ist klar: Jesus stellt seine Schuld fest. Und er stellt sich als der vor, der Schuld vergibt.

Heiler oder Scharlatan?

Das bringt die Schriftgelehrten an den Rand des Herzinfarkts. Wie kann er so etwas sagen! Schuld vergeben – das kann nur Gott selbst. So steht das im Gesetz. Und sie lechzen regelrecht danach, Jesus als Gesetzesübertreter zu überführen. Das ist ja ihre ganze Absicht. Deshalb sind sie ja hier. Ihr Urteil ist vernichtend: »Er lästert Gott.« Damit liegen sie gar nicht so falsch, denn Schuld vergeben kann nach dem Alten Testament nur Gott allein. Das ist im Gesetz und in den Propheten eindeutig verbürgt. Ihr Vorwurf: Jesus verstößt gegen das Glaubensbekenntnis Israels. Der Lehrer sei ein Irrlehrer, der Heiler ein Scharlatan, dieser Rabbi sei ein Räuber, dem man das Handwerk legen müsse.

Damit haben sie ja grundsätzlich recht: Kein Mensch kann das für sich beanspruchen. Nur in einem einzigen Fall liegen sie daneben: dann nämlich, wenn dieser Menschensohn wirklich der Sohn Gottes ist, wenn hier wirklich der Messias spricht, wenn hier wirklich der Retter der Welt spricht. Um es schlicht zu sagen: wenn hier wirklich der Arzt auftaucht, der einzig und allein die Krankheit der Schuld heilen kann: Jesus, der Christus.

Genau das ist der Fall. So stellt sich Jesus vor: Ein Wort der Heilung kann nur Gott, der Schöpfer, sprechen. Ein Wort der Vergebung kann nur Gott, der Heiland, sprechen. Beides tut Jesus. Sein Schöpferwort zeigt sichtbare Wirkung. Sein Heilandswort wird dadurch eindrucksvoll unterstrichen. Seine Vollmacht ist erwiesen. Der Lehrer ist kein Lästerer, sondern der Lebendige Gottes. Was er sagt, ist großartig. Wer er ist, ist einzigartig. Jesus heilt.

Wie kann er das? Wie kann er Schuld vergeben? Ich meine, mal ehrlich: Sagen kann das jeder. Worin liegt denn seine Vollmacht?

Sehen Sie, zunächst einmal ist das doch eine echte Entdeckung: Nicht nur das Dach wird abgedeckt, sondern es wird aufgedeckt, wer Jesus ist und was Jesus will und was Jesus tut.

Sein Wesen:

Jesus erweist sich als der Gottessohn. Sonst würde der Gelähmte nicht seine Siebensachen zusammenpacken und hinausspazieren.

Sein Wille:

Jesus will, dass der Mann gesund wird. Jesus begnügt sich nicht mit dem Leben, das nicht ganz ist. Jesus will volles Leben für uns. Das ist doch fantastisch! Wenn Ihnen bisher alles genug ist, wenn Sie mit allem zufrieden sind, wenn Sie gar nicht merken, was Ihnen fehlt, dann sind Sie ein armer Mensch.

Arm sind nicht zuerst die Menschen, die kein Geld haben. Arm sind die Menschen, die keine Träume haben, die keine Sehnsucht mehr haben, die keine Ahnung mehr haben, dass Leben mehr ist als Arbeit, Schlaf und Essen. Genau das will Jesus: unsere Gesundheit, unsere Erfüllung, unser Glück, unser Heil. Das aber können wir uns nicht selbst besorgen. Dafür sorgt er selbst.

Sein Wirken:

Er heilt, indem er unsere Krankheit auf sich nimmt. Ein merkwürdiges Verfahren, ich weiß. Die Bibel nennt es auch Stellvertretung. Jesus stirbt an unserer Stelle. Er wird krank, todkrank,

denn er nimmt den Zerbruch auf sich und zerbricht daran. Er erfährt, was Schuld heißt, am eigenen Leib und an der eigenen Seele. Dafür steht sein Kreuz. Jesus ist nicht der Halbgott in Weiß, der strahlende Oberarzt, der Heilpraktiker, der Guru. Nein, Jesus macht sich zum Patienten, zum Leidenden, zum Sterbenden, zum Toten. Das ist sein Weg. So heilt er uns.

Ob sich das verstehen lässt? Glauben Sie, der Gelähmte hat es wirklich verstanden? Er hat es erfahren! So ist das mit dem Evangelium: Man kann es hören. Man kann sich daran freuen und folgen. Man kann aufstehen und sein Bett nehmen. Man kann Heilung erfahren. Man kann losgehen. Man kann dem Evangelium dann auch nachdenken und es buchstabieren und es bezeugen. Aber man kann niemand überzeugen.

Lassen Sie sich den Mut nicht nehmen!

Ob wir das noch einmal ernst nehmen und leben wollen?

Wissen Sie, die Kirche ist bestimmt kein Ort, an dem alle gesund und ohne Schuld wären. Im Gegenteil: Die Kirche ist ein Krankenhaus mitten in der Welt, in dem der himmlische Patient die Leiden aller auf sich nimmt.

Ich möchte Sie bitten: Wenn Sie Ihre Schuld sehen, wenn Sie vor Ihrer Schuld erschrecken, wenn Sie immer wieder neu schuldig werden, wenn Sie erleben und erleiden, dass Sie auch als Christ schuldkrank sind – bitte lassen Sie sich das Eine nicht nehmen: die Gewissheit, Jesus vergibt. Lassen Sie sich den Mund nicht verbieten, genau das zu sagen: Jesus schenkt neues Leben. Und lassen Sie sich den Mut nicht nehmen, Kranke zu Jesus zu tragen, auch wenn Sie dabei dem einen oder andern aufs Dach steigen. Kein Hindernis ist zu groß, kein Weg zu weit. Das Wunder geschieht auch heute noch.

> Die Kirche ist ein Krankenhaus mitten in der Welt, in dem der himmlische Patient die Leiden aller auf sich nimmt.

Wohl dem, dem die Übertretungen vergeben sind, dem die Sün-
de bedeckt ist! Wohl dem Menschen, dem der Herr die Schuld
nicht zurechnet, in dessen Geist kein Trug ist! Denn als ich es
wollte verschweigen, verschmachteten meine Gebeine durch
mein tägliches Klagen. Denn deine Hand lag Tag und Nacht
schwer auf mir, dass mein Saft vertrocknete, wie es im Sommer
dürre wird. Darum bekannte ich dir meine Sünde, und meine
Schuld verhehlte ich nicht. Ich sprach: Ich will dem Herrn
meine Übertretungen bekennen. Da vergabst du mir die Schuld
meiner Sünde. Deshalb werden alle Heiligen zu dir beten zur
Zeit der Angst. Darum, wenn große Wasserfluten kommen,
werden sie nicht an sie gelangen. Du bist mein Schirm, du wirst
mich vor Angst behüten, dass ich errettet gar fröhlich rühmen
kann. »Ich will dich unterweisen und dir den Weg zeigen, den
du gehen sollst; ich will dich mit meinen Augen leiten.« Seid
nicht wie Rosse und Maultiere, die ohne Verstand sind, denen
man Zaum und Gebiss anlegen muss; sie werden sonst nicht
zu dir kommen. Der Gottlose hat viel Plage; wer aber auf den
Herrn hofft, den wird die Güte umfangen. Freuet euch des
Herrn und seid fröhlich, ihr Gerechten, und jauchzet, alle ihr
Frommen.

Psalm 32; L

Das halte ich für mich fest

Ihr persönliches Fazit nach diesem Kapitel

Das will ich mir merken

Halten Sie hier fest, was Ihnen beim Lesen dieses Kapitels wichtig geworden ist: einen Gedanken, einen Satz, eine Idee, einen Impuls.

_____

_____

_____

_____

_____

Diese Konsequenz ziehe ich für mich

Halten Sie hier fest, welche Schlüsse Sie aus Ihrer Erkenntnis ziehen, was Sie tun wollen, was Sie von nun an anders oder was Sie bewusster tun wollen.

_____

_____

_____

_____

_____

7 Entzünden Sie Ihre Freude am Leben

Leitfragen:
- Woran freuen Sie sich?
- Wie finden Sie zu echter und tiefer Lebensfreude?
- Worin liegt das Geheimnis Ihres Glücks?
- Was bleibt am Ende von Ihnen?

Freuet euch in dem Herrn allewege, und abermals sage ich: Freuet euch! Eure Güte lasst kund sein allen Menschen! Der Herr ist nahe! Sorgt euch um nichts, sondern in allen Dingen lasst eure Bitten in Gebet und Flehen mit Danksagung vor Gott kundwerden! Und der Friede Gottes, der höher ist als alle Vernunft, bewahre eure Herzen und Sinne in Christus Jesus. Weiter, liebe Brüder: Was wahrhaftig ist, was ehrbar, was gerecht, was rein, was liebenswert, was einen guten Ruf hat, sei es eine Tugend, sei es ein Lob – darauf seid bedacht! Was ihr gelernt und empfangen und gehört und gesehen habt an mir, das tut; so wird der Gott des Friedens mit euch sein.

Philipper 4,4–9; L

Da sitzt ein Student im Theologischen Examen, mündliche Prüfung, Bibelkunde. Er wird vom Professor gefragt: »Was schreibt Paulus an die Philipper?« Der Student hat den Philipperbrief nicht so eifrig studiert, eher Johannes und die andern Evangelien. Er überlegt und antwortet dann spontan: »Freuet euch!« Der Professor nickt und fragt weiter: »Und was schreibt Paulus sonst noch an die Philipper?« Dieses Mal antwortet der Student sofort: »Und abermals sage ich: Freuet euch!«

Ob die Geschichte stimmt, weiß ich nicht. Aber es ist doch eigentümlich: Gleich zweimal fordert Paulus die Philipper auf: »Freuet euch!« Offensichtlich ist ihm das wichtig. Es ist grundlegend, es ist entscheidend. Freude – das ist ein Herzstück christlicher Existenz. Es ist offensichtlich ein Kennzeichen von

Christen: dass sie froh sind. Dass sie erlöst aussehen. Dass sie sich freuen.

Nietzsche, der atheistische Philosoph, hat es gefordert, so nach dem Motto: »Die Christen müssten erlöster aussehen, wenn ich an ihren Gott glauben soll.« Und Jakob Vetter, der große Evangelist, hat es sogar gepredigt: Die Christen erkenne man an ihrem erlösten Lachen, an ihren leuchtenden Augen, hat er gesagt. Aber wie ist das denn wirklich: Wissen Sie eigentlich, was Freude bedeutet? – Machen Sie einmal für sich den Freudentest!

Ihr persönlicher Freuden-Check:

Halten Sie einmal fest, was Sie von Herzen freut. Woran denken Sie zuerst?

_____

_____

_____

_____

Noch eine kurze Frage: Worüber haben Sie zuletzt herzhaft gelacht?

_____

Worüber können Sie lachen? Vermutlich am liebsten über andere. Schadenfreude sei die schönste Freude, heißt es. Die Hälfte der Menschen lacht auf Kosten der anderen. Alles ist komisch, solange es jemand anderem passiert.

Aber was ist das Wesen echter Freude? Sicher nicht nur die Abwesenheit von Trauer, Schmerz, Wut, Ärger. Sicher nicht nur das Vergessen von allem, was uns die Freude nimmt. Wenn es echte Freude gibt, muss sie mehr sein als eine Illusion. Ernest

Hemingway hat einmal geschrieben: »Freude, mein Lieber, ist die Medizin dieses Lebens! Ich freue mich, wenn ich Gutes von anderen höre, wenn irgendjemand auf unserer traurigen Erde glücklich ist, ja selbst, wenn mein Hund mit dem Schwanz wedelt und die Katzen in irgendeiner Ecke zufrieden schnurren.«

Die Medizin dieses Lebens

Manchmal braucht es wenig, um sich freuen zu können. Freude, die Medizin unseres Lebens. Wir brauchen diese Freudenmedizin, weil wir krank sind vor Trauer und Zweifel. Wir brauchen sie mehr als Tabletten und Tropfen, weil wir krank sind durch Schuld und Versagen. Wir brauchen Freude als Heilmittel, weil wir allzu oft verzweifelt sind. Genau das weiß auch Paulus. Deshalb ruft er leidenschaftlich dazu auf: »Freuet euch!«

Freude brauchen wir, eine Beglückung, etwas, was uns froh macht. Wer sich freut, fühlt sich wohl. Zumindest in diesem Moment sind alle seelischen Bedürfnisse erfüllt. Wer sich freut, erlebt das Leben in seiner Fülle. Freude ist eine Vorahnung des Himmels.

Freude wird durch ein Ereignis ausgelöst. Sie ist immer Reaktion, eine emotionale Antwort auf eine angenehme Situation, eine Person, einen Gruß oder eine Erinnerung. Sie kann sich verschieden äußern, sie kann verschieden stark sein. Sie findet Ausdruck durch ein Lächeln, ein herzhaftes Lachen, einen Jubelschrei, eine spontane Umarmung, ein Lied oder einen Freudentanz.

Die Frage ist nur: Können wir uns überhaupt noch freuen, abseits der Fußballstadien und der Partymeilen, jenseits der Witz- und Comedy-Programme? – »Deutschland am Rande der Depression«, so hieß eine der Schlagzeilen vor einiger Zeit. Die Bundesbürger im Stimmungstief. Wir fürchten wirtschaftlichen Abschwung, viele haben Finanzsorgen, das Vertrauen in die Demokratie schwindet und mit ihm auch die Freude daran. Es ist ein ziemlich düsteres Bild, das manche Umfragen

zeichnen. Das hat zunächst einmal sehr wenig zu tun mit dem Zustand der politischen Parteien oder dem Ansehen der Bundesregierung. Nichts drückt mehr auf die Stimmung als ständig steigende Preise, Löhne und Renten, die da nicht mithalten können, und die Sorge um das eigene Portemonnaie. Und die Hoffnung, dass die Politik daran etwas zu ändern vermag, ist äußerst gering.

Wenn die Hoffnung schwindet, hat's die Freude schwer

Große Sorgen, wenig Hoffnung – da hat's die Freude schwer. Die Medizin ist rar. Oft genug entsteht sie gar nicht erst: auf Partys nicht, durch Musik auch nur begrenzt, durch Fernsehunterhaltung immer weniger. In unserer von Comedy und Blödelheinis überschwemmten Medienwelt, in der wir von einem Unterhaltungsprogramm zum nächsten hecheln, gibt es viel Spaß, Fun und Action, aber so schmerzlich wenig echte Freude. Was hilft da der Appell: »Freuet euch!«?

Schauen wir genau hin, denn Paulus sagt ja nicht nur »Freuet euch!« Er sagt: »Freuet euch *in dem Herrn*!« Die Medizin, von der Paulus redet, ist die Freude an dem Herrn, der uns heil macht. Paulus schreibt nicht: »Freut euch am Leben! Freut euch an der Welt! Freut euch – dann habt ihr's leichter.« Er sagt mehr. Mit seinem Aufruf nennt er den Grund der Freude.

> Echte Lebensfreude ist eine Reaktion auf die Aktion Gottes.

Freude ist eine Reaktion auf eine Person oder eine Situation, haben wir eben erkannt. Echte Lebensfreude ist eine Reaktion auf die Aktion Gottes. Paulus lenkt unseren Blick auf Jesus Christus und damit weg von unseren Sorgen, von unseren Streitereien in der Familie und in der Gemeinde, weg von unseren Krankheiten, weg von unseren Fragen und Ängsten, weg von unseren Geschwüren der Verzweiflung, weg auch von unseren Schmerzen – hin zum Schmerzensmann, hin zu dem Mann, der am Kreuz hängt und für uns stirbt. Freut euch in und an dem Herrn und an dem, was er getan hat!

Gott ist nicht irgendwo weit weg im Himmel, wo die Freude wohnt. Gott ist nicht fernab von dieser traurigen Erde geblieben. Gott ist in der Welt. Dafür steht dieser Herr, Jesus, der auf die Erde gekommene Gott. Weil er auf die Erde kommt, singen die Engel in Bethlehem den Hirten von der Freude, die aller Welt widerfahren wird. Der Sohn Gottes kommt in die Welt und mit ihm die Freude.

Sage keiner mehr, Gott hätte mit dieser Welt nichts zu tun! Sage ja niemand, unser Glaube sei weltfremd. Nein, wer an Jesus Christus glaubt, der glaubt an den einzigen Gott, der weiß, was Sterben heißt. Jesus Christus ist der einzige Gott, der erlebt hat, wie nötig wir Menschen eine Medizin brauchen, eine Medizin zum Leben. Jesus Christus ist der Einzige, der Freude schenkt, indem er sich selbst zur Medizin unseres Lebens macht. Er ist unser Heiland. Freude ist Freude an dem Herrn, der uns heil macht.

> Solange Sie Freude in sich suchen, werden Sie nicht froh!

Ich will das einmal sehr angreifbar sagen: Solange Sie Freude in sich suchen, werden Sie nicht froh! Solange Sie sich echte Lebensfreude von einem andern Glauben erhoffen, werden Sie nicht frei. Ich schätze viele Muslime sehr. Aber auch in Gesprächen über ihren Glauben und meinen Glauben stellen wir immer wieder gemeinsam fest: Der muslimische Glaube kennt diese unmittelbare Freude an Gott nicht, denn Allah macht nicht frei, er hat unsere Lebenskrankheit nicht auf sich genommen. Er hat keine Strafe getragen. Allah hat keine Schuld gesühnt, unvorstellbar, dass er Mensch werden und sogar auf dieser Erde sterben könnte. Allah bleibt erhaben, weit, weit weg von uns und dieser Erde. Und genauso weit weg ist das Paradies, eine schöne Vorstellung, die aber zu keiner echten Lebensfreude im Hier und Jetzt führt.

Das Gleiche gilt für jede andere Welt- und Gottesanschauung. Solange Sie nur in den Spiegel sehen, werden Sie kein neuer Mensch. Wenn Sie nur auf Ihre Fragen, Zweifel und Sorgen sehen, werden Sie niemals fröhlich. Frisch, fromm, fröhlich, frei werden wir nur »in dem Herrn«. Deshalb richten Sie sich aus auf Jesus Christus. Blicken Sie auf! Sehen Sie auf den Mann, der den Tod überwunden hat. Dann sehen Sie den, der Sie von Herzen liebt. Sie sehen den, der Sie frei macht, Ihre Schuld vergibt und vergisst. Sie sehen den, der Ihnen Leben schenkt, der volles Leben für Sie will, nicht erst morgen oder übermorgen, sondern heute schon.

Auf den Blickwechsel kommt es an

Zu einem weinenden Kind sagen wir auch manchmal: »Kind – schau mich mal an!« Wenn ein kleiner Junge ganz verweinte Augen hat, wenn er so ganz frei und ohne Scheu das herausweint, was ihn gerade bewegt, und wenn ich mich dann zu ihm hinunterbeuge, ihn in den Arm nehme und sage: »Hey, schau mich doch mal an…« Und wenn er dann aufsieht und mich ansieht, dann wird aus dem Weinen ein Schluchzen, und oft auch aus dem Schluchzen ganz schnell ein Lachen. Auf den Blickwechsel kommt es an. – Sehen Sie, so macht es auch Gott mit uns, unser Vater im Himmel. Er beugt sich herunter zu uns, er nimmt uns in den Arm und sagt: »Sieh mich an!«

Christliche Freude ist Reaktion auf die Heilungsaktion Gottes, Freude an Jesus Christus. Ihr Vater im Himmel sagt zu Ihnen: »Sieh mich an! Ich bin für dich da. Und ich mache dich gesund.«

Manche ärgern sich darüber, dass die Rosen Dornen haben.
Andere freuen sich, dass die Dornen Rosen haben.

Das ist ein schöner Spruch. Aber echten Tiefgang bekommt er erst, wenn wir den Mann mit der Dornenkrone sehen. Aus seinem Sterben erblüht ein neues Leben. Freude ist Freude an dem Herrn, der uns heil macht.

Deshalb sagt Paulus auch: Sorget nicht! Der Herr ist nahe. Er ist da. Er ist bei euch. Er trägt euch. Sorgt nicht, sondern bittet!

Bittet mit Flehen, also richtet euch ganz auf Gott aus! Denn heilsame Freude erwächst aus dem Gebet.

Interessant, Paulus sagt nicht, Freude käme aus dem Loben und Preisen. Er redet nicht von der Freude aus der Lobpreisparty nach dem Motto: Feiert Jesus, vergesst alles andere und freut euch! Nein, er sagt: Bittet, flehet, sagt Gott, was euch zweifeln und verzweifeln lässt. Sagt eure Ängste und Nöte. Fasst sie in Worte. Schleudert sie Gott vor die Füße!

> Manche ärgern sich darüber, dass die Rosen Dornen haben. Andere freuen sich, dass die Dornen Rosen haben.

»Flehet!« – Da steckt Leidenschaft drin. Ich möchte Sie ermutigen dazu: Grübeln Sie nicht, sinnieren Sie nicht, lamentieren Sie nicht, sondern beten Sie so! Dann kommt Freude auf.

Freude kommt nicht aus unserem Innern. Innen ist oft genug Verzagtheit. Lebensfreude kommt von außen. Dafür steht Ostern, das Urereignis der Freude. Leben, das den Tod besiegt. Leben, das sprudelt. – Mit die größten Glücksmomente, die ich erlebt habe, waren die Geburten unserer Kinder. Neues Leben. Unbeschreiblich. Schlichtweg wunderbar. Ein großes Glück! Ein Grund zum Preisen, zum Springen und Jubeln. Diese Stimmung, wenn man den Nächstbesten, der einem über den Weg läuft, umarmen will, und doch viel mehr als eine Stimmung. Ein echtes Geschenk, das mich als Vater auf Dauer erfreut.

Gott will, dass diese Freude auch mit dem Sterben nicht vergeht. Auf dem Friedhof soll die Geburtsfreude herrschen. Deshalb singen wir Christen noch am Grab. Deshalb haben wir Hoffnung für diese Welt: Weil wir über sie hinaussehen auf den Herrn des Lebens. Das übersteigt alle Vernunft. Aber das gibt uns einen tiefen Frieden und eine helle Freude ins Herz.

In dem Herrn
Ein Lied der Freude

1) In dem Herrn ist Freude.
   Er hat Geduld.
   In dem Herrn ist Gnade.
   Er nimmt die Schuld.

   In dem Herrn ist Wahrheit.
   Er zeigt sie uns.
   In dem Herrn ist Glauben.
   Er schenkt ihn uns.

2) In dem Herrn ist Frieden.
   Er starb für uns.
   In dem Herrn ist Leben.
   Er lebt mit uns.

   In dem Herrn ist Hoffnung.
   Er bleibt uns treu.
   In dem Herrn ist Liebe.
   Er macht uns neu.

   Refrain: Freuet euch! Freuet euch!
   Ihr habt Grund zur Freude.
   Noch einmal: Freuet Euch!
   Jesus Christus lebt.

3) In dem Herrn ist Freiheit.
   Er bindet uns.
   In dem Herrn ist Weisheit.
   Er leitet uns.

   In dem Herrn ist Stärke.
   Er gibt uns Kraft.
   In dem Herrn ist Jubel.
   Er hat's geschafft.

Text: Steffen Kern, Melodie: Matthias Hanßmann
© cap-music, 72 221 Haiterbach-Beihingen

183

Die James-Bond-SMS zwischendurch:

Ein Quantum Trost

Sein Name ist Bond. James Bond.
007 bringt uns eine Message zum Leben.
Zum Beispiel: »Ein Quantum Trost.«

So heißt der Bond-Film aus dem Jahr 2008.
Daniel Craig spielt den Helden und hetzt atemlos über den Globus.
Er hat jede Menge Gegner.
Er kämpft gegen Terroristen.
Er kann weder der CIA noch andern trauen.
Kampf, Frust und Stress bestimmen seine Jagd.

Da geht es ihm ähnlich wie uns.
Das Leben ist kein Spaziergang.
Auch wenn es im Leben nicht immer so hoch hergeht wie auf der Leinwand –
den Stress kennen wir, Frust auch, kleine und größere Kämpfe wohl ebenso.
Was wir brauchen, und zwar jeden Tag,
das sind Mut und Hoffnung und neue Energie.
Wir brauchen Zuversicht, um wieder aufzustehen.
Wir brauchen Kraft, um Niederlagen wegzustecken.
Kurzum:
Wir brauchen ein Quantum Trost.

Wer uns das bringt?
Ich verweise Sie auf den, der den größten Kampf überstanden hat.
Ich vertraue dem, der Frust in Freude verwandelt.
Ich halte mich an den, der sogar den Tod überwunden hat.
Einen andern Trost kenne ich nicht.

Wer dieser Trostbringer ist?
Sein Name ist Christus, Jesus Christus.

Exkurs: Wen Jesus für glücklich hält

Ein Exkurs zu den »Seligpreisungen«

Sie gehören zu den bekanntesten Bibelworten überhaupt. Sie werden längst nicht nur von Kanzeln gepredigt, sondern auch in Reden und Grußworten, selbst an Stammtischen zitiert, häufig mit einem spöttelnden Unterton. Dabei zählen sie zu den kostbarsten Worten, die uns von Jesus Christus überliefert sind: Die Seligpreisungen: geflügelte Worte, die Jahrtausende überdauert und Millionen von Menschen Hoffnung gegeben haben. Und doch sind sie nicht leicht zu verstehen. Was hat es auf sich mit diesen Worten? Wer ist gemeint: Wen preist Jesus selig? Und was bedeutet das überhaupt: selig zu sein?

1) Die Überlieferung

Die Evangelisten Matthäus und Lukas überliefern uns die Seligpreisungen, die Jesus öffentlich ausgesprochen hat. Sie stehen jeweils am Beginn längerer Redeabschnitte.

a) Matthäus: Vollmächtige Worte des Messias

Mit den Seligpreisungen eröffnet Jesus seine Bergpredigt: *Matthäus 5,3-12*. Der Abschnitt ist kunstvoll aufgebaut. Neunmal beginnt Jesus einen Satz mit dem Wort »selig«. Achtmal spricht er in der dritten Person: »Selig sind die ...«, beim neunten Mal spricht er seine Jünger direkt an: »Selig seid ihr ...« Diese letzte Seligpreisung ist hervorgehoben, besonders betont. Hier wird wie schon in Vers 1 deutlich, dass Jesus seine Jünger anspricht. Mit den Seligpreisungen richtet sich Jesus zunächst an seine Nachfolger. Zugleich aber kann das Volk (Vers 1) mithören und wird – sofern es hört und folgt – mit hineingenommen.

In der vierten und achten Seligpreisung steht das Leitwort »Gerechtigkeit«. Damit ist die Gemeinschaftsform umschrieben, in der Frieden herrscht, in der alle treu beieinander bleiben, zueinander stehen und niemanden unterdrücken. Diese Gerechtigkeit wird erst der Messias herstellen. Darauf verweist etwa Psalm 72,1-3.12-14: Ein Königssohn wird kommen und Gerechtigkeit herstellen, indem er die Elenden rettet und den Armen hilft. In der Bergpredigt kündet der Messias Jesus selbst an, welche neue Zeit mit ihm anbricht. Die Seligpreisungen unterstreichen den Anspruch von Jesus: »Ich bin der Christus, darum bricht jetzt für die Elenden die Heilszeit an.« Es sind vollmächtige Verheißungen, die den Verlorenen dieser Welt gelten.

Die kunst- und anspruchsvolle Sprache unterstreicht den inhaltlichen Anspruch. Die ersten vier Seligpreisungen beginnen alle mit dem griechischen »P« (Arme: *ptochoi*; Trauernde: *penthountes*; Sanftmütige: *praeis*; Hungernde: *peinontes*). Vor allem aber schließen die erste und die achte Seligpreisung mit der Verheißung des Himmelreiches. Damit werden die acht Seligpreisungen, die in zwei Viererblöcken geordnet sind, eingerahmt von einer himmlischen Verheißung. Im Mittelpunkt stehen diejenigen, denen es ganz dreckig geht, die ganz am Boden sind, die die Tiefen der irdischen Existenz erfahren – aber gerade sie sind umschlossen von einer himmlischen Verheißung.

b) Lukas: Viermal »selig« – viermal »wehe«

Der Evangelist Lukas überliefert in *Lukas 6,20-23* zu Beginn der Rede auf dem Felde nur vier Seligpreisungen. Jesus unterstreicht nach Lukas das »messianische Heute«, indem er hier zweimal betont »jetzt« sagt. Die, die *heute* leiden, sind gemeint; die, die *jetzt* hungern, dürfen hoffen. Die Botschaft ist also hochaktuell. Auch hier hat Jesus zuerst seine Jünger buchstäblich vor Augen (Vers 20), aber auch das Volk (Vers 17 und 19) ist in etwas entfernterer Hörweite.

Drei der vier Seligpreisungen sind Kurzformen der Verse im Matthäusevangelium. Lukas reduziert auf das Wesentliche,

das ganz Elementare. Er will nur das festhalten, worauf es ganz grundlegend ankommt. Seine Leser im griechisch-römischen Umfeld würden die kunstvollen und verborgenen Hinweise des Matthäus ohnehin nur schwer verstehen. Der Lehrer Matthäus legt Wert auf Vollständigkeit, der Missionsarzt Lukas dagegen auf schlichte Klarheit. Beide aber treffen den Originalton von Jesus, der sicher mehrmals seine Seligpreisungen gepredigt hat.

Eine Seligpreisung bei Lukas aber ist neu und wird von Matthäus nicht genannt: die Seligpreisung der Weinenden. Damit sind uns zehn Seligpreisungen überliefert. Hat Jesus bewusst neben die Zehn Gebote seine zehn Seligpreisungen gestellt? – Diese Fragen können wir wohl nicht sicher beantworten; bedenkenswert sind sie jedoch allemal. Eine weitere Besonderheit bei Lukas: Er fügt den vier Seligpreisungen vier Weherufe an (Lukas 4,24-26), die jeweils das Gegenüber der Gepriesenen ansprechen: »Selig« seien die Armen, aber das »Wehe« gilt den Reichen. Selig seien die Hungernden, gewarnt werden die Satten. Als selig werden die Weinenden angesprochen, aber den Lachenden werde ihr Lachen vergehen. Und wem alle Welt nach dem Mund redet, wird gewarnt, aber wer »um des Menschensohnes willen« gehasst wird, habe Gutes zu erwarten. Jesus spricht nach dem Lukasevangelium alle direkt an, die »Seligen« genauso wie die anderen. Damit wird deutlich: Die Seligpreisungen erklingen vor dem Horizont des Gerichtes. Sie gelten nicht allen – im Gegenteil: So wie es Selige gibt, gibt es Verlorene.

Insgesamt sind uns **zehn Seligpreisungen** überliefert:

Die Seligpreisungen nach...		
	Matthäus	Lukas
1	die geistlich arm sind (Verheißung: **Himmelreich**)	IHR Armen
2	die Leid tragen	-
3	die Sanftmütigen	-
4	die hungert und dürstet nach **Gerechtigkeit**	IHR, die ihr *jetzt* hungert
	-	IHR, die ihr *jetzt* weint
5	die Barmherzigen	-
6	die reinen Herzens sind	-
7	die Friedfertigen	-
8	die um der **Gerechtigkeit** willen verfolgt werden (Verheißung: **Himmelreich**)	-
9	IHR, wenn euch die Menschen um meinetwillen schmähen und verfolgen und reden allerlei Übles gegen euch	IHR, wenn euch die Menschen hassen und euch ausstoßen und schmähen und verwerfen euren Namen als böse um des Menschensohnes willen

2) Der Hintergrund

Wenn wir die Seligpreisungen richtig verstehen wollen, brauchen wir als Hintergrund das Alte Testament, aus dem Jesus geschöpft hat und in dem er gelebt hat. Besonders hilfreich sind die Psalmen, die Jesus intensiv gebetet hat, etwa Psalm 1,1; L:

> *Wohl dem, der nicht wandelt im Rat der Gottlosen noch tritt auf den Weg der Sünder noch sitzt, wo die Spötter sitzen, sondern hat Lust am Gesetz des Herrn und sinnt über seinem Gesetz Tag und Nacht!*

Der erste Psalm beginnt mit einer Seligpreisung: »Wohl dem...!«, wörtlich: »Glücklich zu preisen ist der Mann, der...« Eine Seligpreisung hält fest, für wen das Leben gelingt, welches Leben zum Ziel kommt und welchen Menschen der Segen Gottes in besonderer Weise gilt. Ganz ähnlich formuliert Psalm 84,5-6; L:

Wohl denen, die in deinem Hause wohnen; die loben dich immerdar.

Wohl den Menschen, die dich für ihre Stärke halten und von Herzen dir nachwandeln.

Diese Menschen haben allen Grund zur Hoffnung, sie können zuversichtlich sein und sich von Herzen freuen (vergleiche etwa Psalm 84,3b). Seligpreisungen sind Worte gegen den Schein. Mit ihnen macht Jesus deutlich: Der Schein trügt! Äußerlich mögen die in Psalm 84 Gepriesenen durch ein »dürres Tal« gehen (vgl. Vers 7), aber es wird ihnen »zum Quellgrund«. »Sie gehen von einer Kraft zur andern« (Vers 8). Sie strotzen vor Kraft und Stärke, denn sie haben ihren starken Herrn vor Augen. Ganz in dieser Linie liegen auch Psalm 112,1.5 und Psalm 119,1-3. Die Seligpreisungen sind prophetische Worte, die eine Wahrheit aussprechen, die jetzt schon gilt, die aber noch nicht offenbar ist. Aber sie wird einmal allen vor Augen stehen. Die Verhältnisse werden sich umkehren. In den Seligpreisungen steckt eine revolutionäre Kraft. Das ist die Dynamik des Geistes Gottes, die Kraft der Verheißung.

3) Die Botschaft

Gemeint und angesprochen sind die Randständigen, die Verlierer, die »Loser« unserer Tage. Jesus stellt die Dinge auf den Kopf. Er kehrt die Werte um, auf die es in dieser Welt ankommt:
-   In unserer Ellenbogengesellschaft kommen die nach oben, die austeilen, die kämpfen, die Biss haben und die im Zweifelsfall auch einmal über Leichen gehen. Aber Jesus sagt:

»Selig sind die Sanftmütigen.« Sie werden das Land erben. Sie werden es zu etwas bringen. Sie werden gesegnet sein und sind daher glücklich zu preisen.

- In unserer Wohlstandsgesellschaft stehen die ganz oben, die alles haben, die etwas herzeigen können, die investieren und Gewinne machen, die Reichen, die satt sind und sich an ihrem Geld und Gut genügen lassen. Aber Jesus sagt: »Selig seid ihr, die ihr jetzt hungert; denn ihr sollt satt werden.« Freuen dürfen sich die, die jetzt einen Mangel spüren, die sich sehnen nach Erlösung, nach Befreiung und nach Gerechtigkeit. Selig sind die, denen diese Welt nicht genug ist. Sie werden himmlisch gesättigt werden.

- In unserer Spaßgesellschaft haben die Erfolg, die immer gut drauf sind, die gute Laune verbreiten, die »Party machen«, die andere zum Lachen bringen, die Strahlemänner und -frauen, die schön sind und happy, die etwas hermachen und in die Kameras und Mikrofone lächeln. Aber Jesus sagt: »Selig seid ihr, die ihr jetzt weint; denn ihr werdet lachen.« Wer zuletzt lacht, lacht am besten. Das Lachen dieser Welt wird vergehen. Auf die himmlische Freude kommt es an, die heute schon beginnt, weil Jesus heute da ist.

Schon jetzt und ewig glücklich

Aber was bedeutet es nun, dass all die Genannten und Angesprochenen »selig« sind? Geht es um ein irdisches Glück oder doch um die himmlische Seligkeit? – Um es vorwegzunehmen: Beides liegt hier ineinander. Jesus weist ausdrücklich auf das Himmelreich (Matthäus 5,3.10; Lukas 6,20). Er redet von der Zukunft: »ihr werdet …« Eindeutig reichen die Seligpreisungen über das irdische Leben hinaus. Wer sie also rein innerweltlich deutet als Motivation zur gesellschaftlichen Revolution, verkennt, worum es letztlich und eigentlich geht. Das Reich Gottes wird der Messias selbst aufrichten, nicht wir Menschen. Und doch schließt die

Verheißung des Himmelreiches diese Erde schon mit ein. Gottes Segen beginnt irdisch und »endet« ewig himmlisch. Diesen Zusammenhang macht die Seligpreisung in Psalm 112,1-4; L deutlich:

Wohl dem, der den Herrn fürchtet, der große Freude hat an seinen Geboten! Sein Geschlecht wird gewaltig sein im Lande; die Kinder der Frommen werden gesegnet sein. Reichtum und Fülle wird in ihrem Hause sein, und ihre Gerechtigkeit bleibt ewiglich. Den Frommen geht das Licht auf in der Finsternis von dem Gnädigen, Barmherzigen und Gerechten.

Das geschenkte Glück kann bereits hier auf dieser Erde, »im Lande«, beginnen, aber die Perspektive geht schon in Psalm 112 über diese Zeit hinaus: »... bleibt ewiglich.« Jesus macht deutlich: Mit ihm geht das Licht auf. Mit ihm beginnt die Zukunft, denn er ist der Gnädige, Barmherzige und Gerechte. Wer an ihn glaubt, wird selig.

Was bleibt?

Was bleibt bestehen, wenn wir gehen? Was bleibt am Ende eines Jahres? Was bleibt am Ende eines Lebens?

Bleiben unsere guten Vorsätze? Wir fassen sie am Anfang eines Jahres. Aber oft sind sie schon im Februar Makulatur. Und wenn wir nach einem halben Jahr Bilanz ziehen, dann bleibt wohl nicht mehr viel davon übrig. Wieder zu wenig Sport gemacht, wieder nicht mit dem Rauchen aufgehört, wieder nicht geschafft, was ich mir vorgenommen hatte. Unsere Vorsätze, unsere Pläne und Gedanken bleiben nicht.

Bleiben Gefühle, wenn der Blitz einschlägt und die große Liebe ausbricht und zwei Menschen verliebt bis über beide Ohren sind? – Ich erinnere nochmals an den allzu nüchternen Rat des schwäbischen Vaters, der seinem verliebten Sohn einschärft: »Vorsicht, Junge, Liebe vergeht, doch Hektar besteht.«

Hinter der Selbstironie steckt ja die Einsicht: Gefühle bleiben nicht, zumindest selten. Gefühle kommen und gehen. Aber Besitz bleibt. Doch bleibt Besitz wirklich? Wir haben den Besitz schon in einem früheren Kapitel behandelt. Natürlich, mancher Besitz bleibt über Generationen. Er wird vermehrt und vererbt und wieder vermehrt und vererbt. Aber ganz schnell wechselt ein Besitz den Besitzer. Ganz schnell dreht der Aktienkurs. Urplötzlich vernichtet eine Immobilienkrise aus Übersee oder eine Inflation sämtliche Werte. Besitz bleibt nicht.

Dass die Jugend bleibt, hätten wir gern. *Forever young* – wir träumen davon. Aber trotz Faltencremes und Anti-Aging-Produkten, trotz der Kraft der zwei Herzen und dem Halt der dritten Zähne – die Jugend vergeht. Falten schleichen sich in das Gesicht, Rheuma kriecht in die Knochen, Zähne fallen aus, die Haare auch. Die Jugend geht dahin.

Und mit ihr die Gesundheit. Auch sie bleibt nicht. Gesundheit, vielleicht ist sie ja der größte Götze unserer Tage. Bei fast jedem Geburtstagswunsch merken wir das, wenn wir außer allem Guten und Gottes Segen noch Gesundheit wünschen. »Ja, das ist das Wichtigste«, tönt es schnell zurück. Aber die Gesundheit bleibt nicht. Sie zerrinnt uns wie Sand zwischen den Fingern.

Alles vergeht, weil diese Welt vergeht. Auch wir. Alles hat seine Zeit, auch unser Leben. Jedes Leben ist nur ein Wimpernschlag im Universum, mit jedem Tag rückt unser Ende ein Stück näher. Unaufhaltsam. Keiner weiß, ob es noch Jahre, Tage oder nur noch Stunden sind. Nur eines steht fest: Unsere Zeit läuft ab. Aber damit wollen wir uns nicht abfinden. Wir wollen mehr. Wir sehnen uns nach mehr.

Gott hat die Ewigkeit in unser Herz gelegt, heißt es beim Prediger Salomo.

Die Vergänglichkeit macht uns zu schaffen. Wer das Leben liebt, rafft sich auf, ihr zu trotzen.

Wer einen Todesfall in nächster Nähe erlebt hat, hat diesen Schmerz schon empfunden. Es ist aus. Aus und vorbei. Er wird nie mehr wiederkommen. Sie wird nie mehr ein Wort sagen. Kein

Lachen mehr, nicht einmal ein Augenzwinkern. Nichts. Das ist so unbarmherzig endgültig. Es bleibt nur die Erinnerung, und auch das ist ein Trugschluss. Auch die Erinnerung verblasst. Nach ein paar Jahren, spätestens in der nächsten Generation ist die Erinnerung verflogen, und die Fotos sind vergilbt. Es ist wie ein Fluch, der auf diesem Planeten liegt. Nichts und niemand bleibt. Ruhm und Ehre nicht, Macht und Reichtum nicht, Karriere und Erfolg nicht. Alles vergeht. Aber in uns steckt die Sehnsucht, dass etwas bleibt, mehr noch: dass *wir* bleiben oder wenigstens etwas von uns.

Und so sind es längst nicht nur Politiker, die sich ein Denkmal schaffen wollen, ein Lebenswerk, das Achtung findet. Irgendeine Spur würden wir doch so gerne hinterlassen. Wenn schon kein Denkmal, dann wenigstens ein kleines Andenken. Eine Straße, die nach mir benannt ist, ein Buch, das über mich geschrieben wird, oder – wenn's nicht ganz so groß sein darf – ein Haus, das ich gebaut hab, wenigstens ein schöner Grabstein, ein Bild von mir, das irgendwo aufgestellt wird. Wie viel setzen wir daran, um nicht ganz vergessen zu werden!

Reinhard Mey, ich will ihn noch einmal zitieren, singt in einem seiner Lieder:

> *Erinn'rungen verblassen, und des Tages Ruhm vergeht,*
> *die Spuren, die wir heute zieh'n,*
> *sind morgen schon verweht.*
> *Doch in uns ist die Sehnsucht, dass etwas von uns bleibt,*
> *ein Fußabdruck am Ufer, eh' der Strom uns weitertreibt.*
> *Nur ein Graffiti, das sich von der grauen Wand abhebt,*
> *so wie ein Schrei, der sagen will: »Schaut her, ich hab'*
> *gelebt!«*

Haben Sie diesen Schrei auch schon geschrien? Vielleicht ganz still in Ihrem Herzen? Haben Sie vielleicht auch schon so ein Graffiti gesprüht? Haben Sie diese Sehnsucht schon gespürt, dass etwas bleibt von Ihnen? – Ich will Sie kurz vor Schluss dieses Buches nochmals zu einem Experiment ermutigen:

Experiment: Ihr 90. Geburtstag

Stellen Sie sich vor, Ihr 90. Geburtstag steht an. Es wird groß gefeiert. Sie laden ein, viele Gäste kommen. Und es werden Reden vorbereitet. Überlegen Sie einmal: Wer soll was von Ihnen sagen? Was soll von Ihnen nicht nur aus Höflichkeit, sondern aufrichtig und ehrlich gesagt und gedacht werden? Überhaupt, wer soll da eine Rede halten?

Von welchen Personen würden Sie sich eine positive Würdigung wünschen?

_____

_____

_____

_____

Was soll Ihr Sohn, was Ihre Tochter von Ihnen sagen können?

_____

_____

_____

_____

Was soll Ihre Ehefrau, was Ihr Ehemann an Ihnen besonders schätzen und lieben?

_____

_____

_____

_____

_____

Was sollen Ihre beste Freundin, Ihr nächster Freund von Ihnen denken und sagen?

_____

_____

_____

_____

Was sollen Ihr ehemaliger Chef, Ihre Arbeitskollegen rückblickend festhalten?

_____

_____

_____

_____

Was, wenn ich Sie einmal so direkt fragen darf, wollen Sie selbst von sich sagen können?

_____

_____

_____

_____

Schließlich, was soll Gott, dem Sie irgendwann begegnen werden, über Ihr Leben sagen?

_____

_____

_____

_____

Was bleibt von Ihnen und wo bleiben Sie?

Jesus hat selbst vom Bleiben gesprochen:

> *Bleibt in mir, und ich werde in euch bleiben. Denn eine Rebe kann keine Frucht tragen, wenn sie vom Weinstock abgetrennt wird, und auch ihr könnt nicht, wenn ihr von mir getrennt seid, Frucht hervorbringen. Ich bin der Weinstock; ihr seid die Reben. Wer in mir bleibt und ich in ihm, wird viel Frucht bringen. Denn getrennt von mir könnt ihr nichts tun. Wer nicht in mir bleibt, wird fortgeworfen wie eine nutzlose Rebe und verdorrt. Solche Reben werden auf einen Haufen geworfen und verbrannt. Doch wenn ihr mit mir verbunden bleibt und meine Worte in euch bleiben, könnt ihr bitten, um was ihr wollt, und es wird euch gewährt werden! Darin wird mein Vater verherrlicht, dass ihr viel Frucht hervorbringt und meine Jünger werdet.*

Johannes 15,4-8

Bleibt in mir, sagt Jesus zu seinen Jüngern. Wie die Rebe am Weinstock bleibt, sollen wir bei Jesus bleiben, an ihm hängen, in ihm sein. Dann werden wir Frucht bringen und selbst bestehen. Aber was heißt das denn: »bei Jesus bleiben«?

Ich möchte Sie einladen, dass Sie mit mir zur Tour de France gehen. Vielleicht haben Sie die Bilder noch vor Augen. Mal abgesehen von allen Spritzen und künstlichen Stützen, die das Spektakel seit Jahren überschatten, ist das doch ein faszinierendes Sportereignis, das Radrennen schlechthin. Drei Wochen sind die Fahrer unterwegs, fast jeden Tag um die 200 Kilometer, über die Alpen, durch die Pyrenäen, durch Regen und durch Gluthitze. Eine echte Tortur, eine Riesenanstrengung, ein Kraftakt, ein Energieaufwand. Alle Fahrer bringen eine enorme Leistung, und für alle gilt während des Rennens immer wieder *eine* Devise: dranbleiben! Nicht abhängen lassen. Die andern nicht davonfahren lassen. Wenn eine Gruppe vorne ausreißt, dann nichts wie hinterher. Dranbleiben – darauf kommt's an.

Im Leben und im Glauben ist es genauso. Es kommt darauf an, dass wir dranbleiben. Das kostet Kraft und Energie. Bleiben geht nicht von selbst. Das ist bei der Arbeit so: dranbleiben am aktuellen Stand der Technik, immer up to date bleiben. Das ist in der Schule so: dranbleiben am Unterrichtsstoff, und das gilt auch im Glauben: dranbleiben an Jesus. Nicht nur einmal kurz religiös begeistert sein. Nicht heute Jesus feiern und morgen wieder auf ihn pfeifen. Deshalb ermahnt und ermuntert Jesus seine Jünger oft: »Bleibt dran!« Wer nicht dranbleibt, bleibt auf der Strecke.

Bleiben Sie an der Bibel

Lesen Sie darin, am besten jeden Tag einen kleinen Abschnitt mit einer Bibellesehilfe. Bewegen Sie diese Worte. Halten Sie sich an das, was Sie verstehen, und bewegen Sie es in Ihrem Herzen. Nur wer an der Bibel bleibt, bleibt geistlich dran.

Durch sie redet Gott zu uns. Himmel und Erde werden vergehen, aber diese Worte werden nicht vergehen. Diese Worte von Gott bleiben. Sie können letztlich nicht im Glauben und an Jesus bleiben, ohne an der Bibel zu bleiben.

Das ist manchmal mühsam, wenn auch nicht so schweißtreibend wie eine Alpenetappe bei der Tour. Die Bibel liest sich nicht so leicht wie ein Micky-Maus-Heft, aber sie eröffnet neue Perspektiven. Ein Fahrer, der die Passhöhe erreicht, hat ganz neue Aussichten.

Lesen Sie weiter – allein, persönlich, Stille Zeit an jedem Tag. Lesen Sie gemeinsam – in der Gruppe, in der Gemeinschaftsstunde, in Hauskreisen, in der Familie. Sie werden neue Perspektiven bekommen.

Bleiben Sie im Gebet und in der Gemeinschaft

Das ist wie in jeder guten Beziehung. Der gute Rat heißt: Bleiben Sie im Gespräch miteinander! Das gilt für Gott – darum der Rat: Beten Sie! Und das gilt für andere Christen: Christsein ist Gemeinschaftssache – darum suchen Sie sich eine Gemeinschaft, eine Gruppe, in der Sie in Ihrem Glauben gestärkt werden und in der Sie auch mit Ihren Zweifeln und Fragen zu Hause sein können.

Denken Sie dran: Beim Radfahren kommt es auf den Windschatten an. Einer fährt voraus, die andern hängen sich an sein Hinterrad. Der Erste kämpft am stärksten gegen den Wind an, er bekommt den ganzen Gegenwind ab, braucht mit Abstand am meisten Kraft. Die Fahrer hinter ihm, die in seinem Windschatten fahren, fahren leicht hinterher. Der Erste zieht die andern förmlich bis zum Ziel.

Bei der Tour wechseln sich die Fahrer ab. Aber auf unserem Weg des Glaubens fährt einer voraus, Jesus. Es kommt darauf an, dass wir im Windschatten von Jesus fahren. Er fährt voraus, er stellt sich in den Wind, er gibt alles und zieht uns ans Ziel. Und er bleibt. In seinem Windschatten durchstoßen wir auch die Mauer des Todes und brechen durch zum Leben.

Darf ich Ihnen an dieser Stelle die Geschichte von Hans erzählen? Hans war ein munterer kleiner Junge. Er hatte blonde Locken, blaue Augen und leuchtend rote Backen, ein richtiger Sonnenschein. Seine Mutter war stolz auf ihn. Er sah dem Vater so ähnlich, der im Krieg gefallen war. Das ganze Dorf hat sich an Hans gefreut. Er war immer so aufgeschlossen, so freundlich, er hat so viel gelacht. Aber eines Tages verschwand das Lachen. Hans' rote Wangen wurden blass, sein Gesicht immer magerer, seine Augen müde. Hans wurde krank, schwer krank. Krebs. Eine Art von Krebs, die nicht zu heilen war, zumindest damals nicht. Hans wusste, er würde sterben. Und die andern wussten es auch, seine Mutter und die Leute vom Dorf. Aber niemand wollte es wahrhaben.

Und so haben sie ihn getröstet und gesagt: »Hans, du wirst wieder gesund. Lass dich nicht hängen. Alles halb so schlimm, Hans.« Aber Hans wusste: Es ist nicht halb so schlimm. Es ist *ganz* schlimm. »Ich werde sterben«, das war ihm klar.

Und so sitzt die Mutter an seinen letzten Tagen an seinem Bett. Sie weint. Sie kann nicht anders. Die Tränen brechen aus ihr heraus, immer wieder. Sie spürt schon den Schmerz über das Leben, das da vergeht. Ihr Kind, ihr eigenes Fleisch und Blut. Und immer wieder flüstert sie: »Bleib da, Hans, bleib doch da!« Aber Hans sieht an die Zimmerdecke und sagt leise: »Mama, ich geh zum Herrn Jesus. Aber da bleib ich. Und da warte ich auf dich.«

Der kleine Hans hat gewusst, wo er bleibt. Wissen Sie es auch? Worauf gehen Sie zu? Was bleibt von Ihnen – wo bleiben Sie?

Wenn Sie mögen, dann antworten Sie doch mit dem folgenden Lied:

Bei dir, Jesu, will ich bleiben,
stets in deinem Dienste stehn;
nichts soll mich von dir vertreiben,
will auf deinen Wegen gehn.
Du bist meines Lebens Leben,
meiner Seele Trieb und Kraft,
wie der Weinstock seinen Reben
zuströmt Kraft und Lebenssaft.

Evangelisches Gesangbuch Nr. 406,1

Die James-Bond-SMS zwischendurch:

Der Morgen stirbt nie

Sein Name ist Bond. James Bond.
007 bringt uns eine Message zum Leben.
Zum Beispiel: »Der Morgen stirbt nie.«

So hieß der Bond-Film aus dem Jahr 1997.
Pierce Brosnan ist James Bond in:
»Tomorrow Never Dies« – »Der Morgen stirbt nie«.

Das ist ein Spruch auch für Trauertage, für Herbsttage, für Krankheits-
tage.

Wenn wir an all die Menschen denken, die wir verloren haben.
Wenn wir in Trauer sind.
Wenn uns das Herz schwer wird.
Gerade dann ist es gut, das glauben zu können:
Der Morgen stirbt nie.

Es gibt immer noch einen neuen Tag.
Selbst noch nach dem Todestag.
Sogar nach unserem eigenen Tod gilt: Der Morgen stirbt nie.

Es gibt ein Leben nach dem Tod.
Denn einer hat uns das Leben gebracht.
Einer ist auferstanden und lebt.
Einer hat uns vom Tod befreit.

Wer dieser Eine ist?
Sein Name ist Christus. Jesus Christus.

Gottes Engel schlafen nicht
Ein Abendlied am Kinderbett

Gottes Engel schlafen nicht,
geben auf dich acht,
sehen, dass dir nichts gebricht
in der dunklen Nacht.

Wo dein Traum dich auch hinbringt –
Engel gehen mit,
dass ein Loblied um dich klingt,
Segen Schritt für Schritt.

Ihre Hände tragen dich
über Stock und Stein.
Gottes Güte zeiget sich,
du bist nie allein.

Seine Boten sendet er;
sieh, wie er dich liebt.
Deine Schuld zählt nun nicht mehr,
weil er dir vergibt.

Gott wird selber bei dir sein,
wie er es verheißt.
Er tritt immer für dich ein,
Vater, Sohn und Geist.

Text: Steffen Kern
Melodie: Matthias Hanßmann oder Melodie von »Abend ward, bald
kommt die Nacht«, EG 487
© cap-music, 72 221 Haiterbach-Beihingen

Das halte ich für mich fest

Ihr persönliches Fazit nach diesem Kapitel

Das will ich mir merken

Halten Sie hier fest, was Ihnen beim Lesen dieses Kapitels wichtig geworden ist: einen Gedanken, einen Satz, eine Idee, einen Impuls.

_____

_____

_____

_____

_____

Diese Konsequenz ziehe ich für mich

Halten Sie hier fest, welche Schlüsse Sie aus Ihrer Erkenntnis ziehen, was Sie tun wollen, was Sie von nun an anders oder was Sie bewusster tun wollen.

_____

_____

_____

_____

_____

Nachwort: Die vier Vorteile des Glaubens

Nun sind Sie durch! Sie haben die Seiten dieses Buches durchgelesen, vielleicht auch nur überflogen, vielleicht auch richtig durchgearbeitet – zumindest dann, wenn Sie das Nachwort nicht vor dem Vorwort und dem Haupttext lesen, wobei ich zugebe, dass ich das auch ganz gerne mache. Wenn Sie das Buch aber gelesen haben, dann haben Sie gemerkt, es ist auf diesen Seiten durchaus von Schattenseiten des Lebens die Rede, und doch leuchtet zwischen den Zeilen immer wieder etwas auf: ein Licht des Vertrauens, ein Stück Hoffnung und da und dort auch das Wunder der Liebe. Dass Sie diese Sonnenseiten des Lebens entdecken und persönlich erfahren – wünsche ich Ihnen von Herzen. Ich wünsche Ihnen das Glück eines gesegneten Lebens!

Am Ende stehen nun vier Vorteile des Glaubens. Das ist eine Formulierung, die viele Gemeinden in Deutschland verwenden. Herausgegeben wurde dieser kurze Text von der evangelischen Initiative ProChrist e. V. Diese wenigen Zeilen fassen zusammen, worin das Glück des Glaubens gründet. Ich finde, sie sind eine gute Begründung für den Titel dieses Buches:

Ich lebe gern, denn:

Ich bin Gott wertvoll.

Ich kann bei Gott ehrlich sein.

Ich kann bei Gott neu anfangen.

Ich habe bei Gott eine Zukunft.

Vorteil 1:
Ich bin Gott wertvoll

Wir möchten ernst genommen werden, geliebt sein, geachtet werden.

Manchmal wird uns das verweigert.

Bei Gott ist das anders: Jeder ist ihm wichtig, jeder ist für ihn wertvoll, jeder wird von ihm geliebt.

Das hat Gott uns schriftlich bestätigt.
1. Johannes 4,10; GNB:

Das Einzigartige an dieser Liebe ist: Nicht wir haben Gott geliebt ... Er hat seinen Sohn gesandt, damit er durch seinen Tod Sühne leiste für unsere Schuld.

Vorteil 2:
Ich kann bei Gott ehrlich sein

Vor Menschen fällt uns Offenheit schwer. Wir haben Angst, dass Beziehungen dadurch zerbrechen.

Bei Gott können wir ehrlich sein. Er kennt uns, wie wir wirklich sind.

Er kennt auch unsere dunklen Seiten. Trotzdem liebt er uns und sucht unsere Nähe.

Römer 3,23; GNB:

Alle sind schuldig geworden und haben die Herrlichkeit verloren, in der Gott den Menschen ursprünglich geschaffen hatte.

Vorteil 3:
Ich kann bei Gott neu anfangen

Wir können zerbrochene Beziehungen oft nicht mehr heilen. Aber Gott schafft Versöhnung.

Er hat seinen Sohn Jesus Christus in die Welt gesandt. Jesus starb für unsere Schuld. Das sind wir Gott wert.

Er hat Jesus von den Toten auferweckt. Deshalb können wir mit Gott eine neue Beziehung beginnen.

Römer 8,31–32; GNB:

Gott selbst ist für uns, wer will sich dann gegen uns stellen? Er hat seinen eigenen Sohn nicht verschont, sondern hat ihn für uns alle in den Tod gegeben. Wenn er uns aber den Sohn geschenkt hat, wird er uns dann noch irgendetwas vorenthalten?

Vorteil 4:
Ich habe bei Gott eine Zukunft

Mit dieser neuen Beziehung zu Gott entsteht ein neues Vertrauen.

Ihm kann ich alles sagen und durch die Bibel lerne ich ihn kennen und verstehen.

Gott sagt, dass diese Beziehung nie endet – auch nicht in Krisen, nicht einmal mit dem Tod!

Gott hat für uns Menschen eine Zukunftsperspektive ohne Leid, Not und Tod.

Römer 6,23; GNB:

Der Lohn, den die Sünde zahlt, ist der Tod. Gott aber schenkt uns unverdient, aus reiner Gnade, ewiges Leben durch Jesus Christus, unseren Herren.

© ProChrist

In diesem Sinne nochmals: Viel Glück und viel Segen!
Ihr

Steffen Kern

Mehr Infos zur Initiative »Ich lebe gern«
und viele Anregungen und Impulse finden Sie unter:
www.ich-lebe-gern.info

Matthias Hanßmann

Ich lebe gern
Begleitheft

Lesen Sie mit anderen gemeinsam...

... und gründen Sie eine Kleingruppe!

Laden Sie Ihre Nachbarn, Kollegen, Freunde und Bekannte zu gemeinsamen Abenden ein. Lesen Sie das Buch zur Aktion und reden Sie über die Fragen und Impulse. Dieser Schritt ist ganz entscheidend: dass Sie mit anderen über das Leben und das Geheimnis des Segens ins Gespräch kommen. Übrigens: Tipps und Hilfen zur Gestaltung dieser Abende gibt ein kompaktes Begleitheft für Kleingruppen. Weitere Informationen unter www.ich-lebe-gern.info.

Steffen Kern, Matthias Hanßmann

Der Traum vom Glück
Lieder zum Leben

Lassen Sie sich inspirieren...

... und entdecken Sie neue Lieder für sich und Ihre Gemeinde!

Lieder bringen zum Klingen, was die Seele bewegt. Und gesungene Worte gehen leichter zu Herzen. Darum haben Steffen Kern und Matthias Hanßmann Texte und Melodien geschrieben, die einladen, es von Herzen mit zu singen: Ich lebe gern.

Bitte fragen Sie in Ihrer Buchhandlung nach diesen Aktikeln!
Oder schreiben Sie an: SCM Hänssler, D-71087 Holzgerlingen;
E-Mail: info@scm-haenssler.de

Uwe Rechberger, Steffen Kern

Eine Taufe, tausend Fragen

Taschenbuch, 12 x 19 cm, 112 S.
Nr. 394.798,
ISBN 978-3-7751-4798-9

Die Taufe ist ein heißes Eisen. Steffen Kern und Uwe Rechberger packen es an und beantworten 40 Fragen, die jeden Christen persönlich betreffen. Dazu gehört längst nicht nur die Frage nach der Kindertaufe oder nach der Erwachsenentaufe. Was ist etwa ist der Unterschied zwischen einer Taufe und einer Segnung oder zwischen Taufe und Bekenntnis? Soll ich mich ein zweites Mal taufen lassen? Komm ich als Getaufter automatisch in den Himmel? Und: Wie kann ich bewusst als Getaufte/r leben?

Ihre Antworten sind kurz, prägnant, persönlich und immer biblisch fundiert. Sie geben Orientierung und regen zum Gespräch an.

Bitte fragen Sie in Ihrer Buchhandlung nach diesem Buch!
der schreiben Sie an: SCM Hänssler, D-71087 Holzgerlingen;
E-Mail: info@scm-haenssler.de